U0746969

本册目次

持靜齋書目

梁光華
梁茜　點校
李朝陽

點校説明

清同治六年九月至同治八年間，晚清著名目録版本學家莫友芝受江蘇巡撫、藏書家丁日昌之邀，進入丁署中爲丁氏檢校其持静齋藏書。莫氏檢校丁氏藏書編爲二書：一爲《持静齋書目》四卷，二爲《持静齋藏書記要》二卷，這是晚清以來天下儒生學者所共知不疑之事。然而《持静齋書目》、《持静齋藏書記要》二書刊刻面世，晚清以來多不署莫友芝之名，例如同治年間丁日昌刊刻《持静齋書目》、《持静齋藏書記要》只署名「豐順丁氏輯」，而未署「莫友芝」之名。光緒二十一年元和江標題記、長沙曹篤光手録本只稱「豐順丁氏持静齋宋元校鈔各本書目」。《清史稿·藝文志》載《持静齋書目》只署名「丁日昌」，未載《持静齋藏書記要》，亦未署莫友芝之名。降至民國七年廣州華英書局、民國廿三年北平來薰閣印本《持静齋書目》、《持静齋藏書記要》，署名爲：「豐順丁氏輯，門人林松友、許希逸、黄翔龍、謝應龍同校」，均不署莫友芝之名。到當代，二〇〇八年上海古籍出版社「中國歷代書目題跋叢書」第三輯：《宋元舊本書經眼録》與《持静齋藏書記要》合爲一書，署名「清莫友芝撰」；而《持静齋書目》單獨爲一書（路子强、王雅新點校），則署名「清丁日昌撰」。二〇一二年中華書局「書目題跋叢書」之《持静齋書目　持静齋藏書記要》合爲一書（張燕嬰點校），署名「丁日昌著」。筆者揣測，晚清以來《持静齋書目》、《持静齋藏書記要》二書，特别是《持静齋書目》一書，刊刻面世，之所以只署「豐順丁氏輯」或「丁日昌撰」，蓋因丁日昌是持静齋主人，是丁氏出錢雇請莫友芝爲其幹活——校書編目，又是由江蘇巡撫高官丁日昌自己出錢刊刻，所以不署莫友芝之名。在古代，一般人震懾于丁氏之高官名望，無人敢言，後世也無人直面評説。按照古今公認的著作權通用規則，《持静齋書目》、《持静齋藏書記要》二書只署圖書藏主、巡撫高官、出錢刊刻者丁日昌之名，不署實際編著者莫友芝之名，是不公正的，是需要以事實來予以正名的。

今説莫友芝受邀檢校丁日昌藏書編爲二書：《持静齋書目》、《持静齋藏書記要》，主要依據有三：

第一，丁日昌書齋原名爲「静持齋」，後改爲「持静齋」。作爲「持静齋」之主人，丁日昌氏請莫友芝爲其持静齋檢校藏書，編寫書目，可以在莫友芝當年的日記中找到證據，兹鈔録如下：

（一）《郘亭日記》同治六年九月六則：

廿二日壬申，晴。丁方伯遣移入署中住。

廿四日甲戌，雨。始檢方伯藏書，過三匣。

廿五日乙亥，陰。檢書單本者，才過一匣。

廿六日丙子，陰。檢書一匣。

廿七日丁丑，陰，夜小雨。檢書匣。孫敬亭觀光相訪，言有宋本書，俟其差還持來看。

廿九日己卯，陰。檢書過一匣。晚，曾相公廿五書至，謂所寄書已至，尚欲得《皇朝通典》、《通志》及《欽定續三通》。

（二）《郘亭日記》同治六年十月六則：

十月初一庚辰，晴。檢書過二匣。

初二日辛巳，陰。檢書過三匣。

初三日壬午，晴。檢書過一匣。

初四日癸未，晴。過書三匣。

初五日甲申，陰。過書一匣。

廿九日戊申，晴。大風，甚寒，始用小火爐。畢檢書三篋。

（三）《郘亭日記》同治七年正月二則：

初二日辛亥，晴。檢校《四庫簡明目録》子部，箋其刊本，畢儒家。

十五日甲子，陰。……是日《簡明目録》子部始箋記畢。

（四）《郘亭日記》同治七年二月二則：

初三日辛巳，風雨。彊登岸，入城謁丁中丞、郭制軍。候吴平齋、李眉生，仍不能起載，還舟宿。《簡明目録》集部四册，自舟中阻風，始箋校，昨日今夕竟畢功矣。

十一日己丑，晴。感冒已减，猶忌風不可出，數日無事，以阮文達所進呈《四庫》未收書百七十三種，依部類節録於《簡明目録》卷端，昏眩作輟，今晨乃畢功。

（五）《郘亭日記》同治七年三月二則：

廿八日丙子，寅初縠雨，雨，午止。校《國語補音》三卷，至二更乃畢。

廿九日丁丑，陰。借眉生謝刻黄詩《外集》，補鈔宋本遺頁五紙。

（六）《郘亭日記》同治七年四月四則：

初四日壬午，晴熱。以宋淳祐刊本黄詩史注《外集》校嘉靖刊本《外集》詩，得是正若干字，朝食畢，凡費四日。

初十日戊子，陰雨。……孫帆招午飲，還，讀寫本影弘治刻《元遺山詩》。前人所舉華刻集本之誤，此本皆不誤，大是佳本。以《左傳》讀本二册付寫，以《通鑒》胡刻二册付雕。夜雨。

廿五日癸卯，寒雨。昨於肆中得《道園類稿》殘本，其詩尚全，以其目較《學古録》，增出者二百三十四首；又校其文中之碑一類，亦增多廿六首。

廿八日丙午，晴，始暖。……連日校《曹子建集》寫本，今午始畢，得更□□□核之。

（七）《郘亭日記》同治七年閏四月二則：

十四日辛酉，晴。爲希聞訪郁氏書，則云所開價减單及書目一册，并丁中丞持去矣。

廿三日庚午，晴。聞中丞借得郁氏宋本《通鑒目録》，往觀之，并覯《九朝編年》宋本。其《目録》一種，當以影寫付雕。

（八）《郘亭日記》同治七年五月二則：

五月初一日丁丑，晴。爲朱竹石跋其叔祖右甫先生爲弼《吉金古文粹》手稿，蓋其在阮文達幕中時爲編《積古齋鐘鼎款識》之初稿也。

三十日丙午，半晴雨。以《四庫全書提要》督裝過，并《唐六典》、《臨川集》，又以何元子《詩世本》依《三百篇》「風」、「雅」、「頌」之次重裝之。

（九）《郘亭日記》同治七年六月一則：

初七日癸丑，晴。作字寄丁中丞。

（一〇）《郘亭日記》同治七年八月一則：

初二日丙午，晴。作字寄丁中丞，言中秋前尚不能趨局。

（一一）《郘亭日記》同治八年二月一則：

十四日丙辰，晴。食後復出胥門訪北平，已移舟大倉口。又尋及大倉口，舟乃未至。謁中丞，繳其屬編《書目》，并議局中印書購紙諸事宜。

（一二）《郘亭日記》同治八年三月一則：

初八日庚辰，雨。《持静齋藏書記要》二卷編成。作字寄馬雨農、潘伯寅，并持謁中丞，留晚飯，乃出。

上鈔録《郘亭日記》三十則，記録莫友芝從同治六年九月廿二日進入丁日昌寓署，廿四日起檢校丁日昌持静齋藏書，其間莫友芝被丁日昌聘爲江蘇書局總校，編輯刻印書籍，斷斷續續，一直延至同治八年二月十四日「謁中丞，繳其屬編《書目》。」也就是説，到同治八年二月十四日，《郘亭日記》記録莫友芝完成了丁日昌屬編之《持静齋書目》，并把編好的《持静齋書目》書稿上繳丁中丞。此後二十餘日，即同治八年三月初八日，莫友芝又完成了《持静齋藏書記要》二卷，并持謁丁中丞。丁中丞留友芝晚飯，友芝乃離開丁府。除了《郘亭日記》的這些記載之外，莫友芝《持静齋藏書記要·序》也把他爲丁日昌檢校藏書之過程記載得清清楚楚：

同治丁卯秋末，友芝浙游，還及吴門，禹生中丞命爲檢理持静齋藏書，三百有若干匣，散記其撰述人代、卷帙、刊鈔。逾兩月粗一周，未及次序。明年春，開書局，董校旁午。夏秋間暫還金陵，略以四部别之，旋輟去。己巳開歲，局事少減，乃舉官本《簡明目録》，悉齋中所有，注當條下。《庫目》未收或成書在後者，約略時代，條記於上下端，用助朝夕檢覽。東南文籍，夙稱美備，鎮、揚、杭三閣又得副天府儲藏。軍興以來，散亡殆盡。吾中丞鋭意時艱，力振頽弊，而敷政餘閑，即典册不去手。計十年搜集，除複重，可十萬卷。其中宋元善刻及舊鈔，大部小編，單秘無行本者，且居十之三四，於嘑，富哉！猶自以爲未備，不欲泛濫編録，因舉傳本希見，指述大略，爲《記要》二卷存之，以諗好古之士。二月庚午，獨山莫友芝。

丁日昌請莫子偲爲其檢校藏書，清末民初著名目録版本學家、藏書家葉德輝在《郘亭知見傳本書目·序》中也有記載：

中丞喜藏書，每得一書，必請先生鑒別，故《宋元舊本經眼録》中所載，大半丁氏藏書。

第二，莫友芝之言及丁日昌請其檢校藏書，屬編書目的信函共有八封：

（一）同治六年十月十七日，莫友芝致信九弟莫祥芝云：

兄八月十五日抵浙。湖山之游，亦領其大略。九月十三還至蘇門。丁方伯留檢勘所藏書，爲編目録，且議開一書局，留爲約定章程。

今按：莫祥芝所撰《清授文林郎先兄郘亭先生行述》對此有記載云：「乙丑，觀潮浙江，又謁湘鄉公于徐州幕。後連歲往來蘇、滬間。在蘇，前中丞丁公日昌延校訂所刻官書。」

（二）同治六年十一月初三日，莫友芝致信高均儒云：

北平先生侍史：……友芝至蘇少留，尋有滬上之役，至上月下旬乃還蘇，及晤典浙兩試使，别于錫山，即移硯蘇藩署，爲禹生方伯檢點所收四部善本，爲目録，期一月蔵功，日夕竟無暇晷。衰年多病，終日向紙堆求生活，豈不可笑？賴平生樂此不疲，差未苦耳。

今按：莫友芝爲丁氏校書編目，何其心酸、艱苦！向友人訴説此事，「終日向紙堆求生活」，又何其無奈！

（三）同治六年十一月初三日，莫友芝致信益齋（許增，字邁孫，號益齋）云：

益齋仁兄大人閣下：……别後九月半抵蘇，丁方伯留議書局事宜，且爲檢校所藏，爲之目録，應接不暇，未有一字申謝，意常歉歉。

（四）同治六年十一月初五日，莫友芝致信孫衣言云：

琴西先生執事：……友芝九月半抵蘇，尋有滬上之役。上月下旬，馳晤典浙兩試使于錫山，仍至蘇，留雨（禹）生方伯許，爲檢勘所藏四部文籍二百有若干篋，期以今月了功，著成目録，乃返秣陵度歲。老境頽唐，終日爲紙堆生活，豈不可笑！差幸眠食未損，足告慰耳。

（五）同治六年十一月十三日，莫友芝致信其妹夫黎庶昌云：

蓴齋妹倩老弟侍右：……九月半還及蘇，丁禹生即拉入藩署，爲勘所編《牧令箴言》，并檢校所藏四部，爲之書目。

（六）同治六年十一月三十日，莫友芝致信馬新貽云：

穀山中丞大人閣下：……叩辭後，暫停蘇門，尋有滬上之役，前月尾始還蘇，丁禹生方伯留爲檢點所藏四部文籍，期以一月蕆事，始還金陵。

（七）同治七年六月初七日，莫友芝致信丁日昌禹生云：

禹生中丞大人閣下：……友芝暑中痱癧漫起，不能衣應客，唯日坐紙堆中，以爲消遣。計完此月，静持齋文籍必能條理整齊，以報命也。

前引《郘亭日記》同治七年六月初七日日記云「作字寄丁中丞」，可與此信相印證。

（八）同治七年八月初二日，莫子偲致信丁日昌雨（禹）生云：

雨翁中丞大人閣下：……《静持齋書目》，自六月中旬考證叙次，其單部及零星之件，都有頭緒，約費四十日整功。唯叢書十餘種，尚未件分。其編例大致依《四庫全書總目》，每類各依時代；每部下，其收入《四庫提要》者，但以《四庫》著録。《四庫存目》分注中有宋元舊本及舊鈔善本，則于分注下疏記數語以明之；其《四庫》未收者，但分注刊寫字，其中有未傳秘本，則各繫以解題。俟全目脱稿後，更于其中將有解題、有疏説者，别録出爲册，使一備一精，各自爲編，而此目乃完也。計謁當在中秋後。手肅恭賀節禧，敬請崇安，伏乞垂鑒。八月初二，莫友芝叩頭叩頭上。

前引《郘亭日記》同治七年八月二日日記云「作字寄丁中丞，言中秋前尚不能趨局」，可與此信相印證。

（九）同治七年十一月初十日，莫繩孫仲武致信其父（莫友芝）云：

父親大人膝下：……丁方伯《書目》想已編成。

以上所鈔録九封信，前八封是莫友芝致九弟莫祥芝、高均儒、許增、孫衣言、妹夫黎庶昌、馬新貽、丁日昌禹生（二封）的信函，第九封是莫仲武致其父莫友芝之信函，全都言及莫友芝爲丁日昌檢校藏書、編寫《目録》一事。特别是同治七年八月初二日致丁日昌的信，莫友芝十分明確地向丁氏報告他編寫《持静齋書目》的體例原則：「依《四庫全書總目》，每類各依時代；每部下，其收入《四庫提要》者，但以《四庫》著録。《四庫存目》分注中有宋元舊本及舊鈔善本，則于分注下疏記數語以明之；其《四庫》未收者，但分注刊寫字，其中有未傳秘本，則各繫以解題。」莫氏還向丁氏報告説：「俟全目（《持静齋書目》）脱稿後，更于其中將有解題、有疏説者，别録出爲册，使一備一精，各自爲編，而此目乃完也。」《持静齋書目》和《静静齋藏書記要》二書體例正與莫友芝此函所言完全符合。

第三，閲讀、查檢和比較《持静齋書目》和《持静齋藏書記要》二書，并與莫友芝《宋元舊本書經眼録》、《郘亭知見傳本書目》二書的校記相印證，完全證實《持静齋書目》和《持静齋藏書記要》確係莫友芝所編。例如：

（一）《持静齋書目·史部》云：「《黑韃事略》一卷，依明茶夢道人姚咨鈔本過録。」《持静齋藏書記要·鈔本》云：「《黑韃事略》一卷，依明茶夢道人姚咨録本過鈔。」今按：二書校記僅「鈔」、「録」二字有異。

（二）《持静齋書目·史部》云：「《元豐九域志》十卷，依宋鈔本。曹楝亭舊藏。」《持静齋藏書記要·鈔本》云「《元豐九域志》十卷，依宋本鈔。曹寅舊藏。」今按：曹寅，字楝亭。二書一稱其字，一稱其名，實無異也。

（三）《持静齋書目·史部》云「《吴郡圖經續記》三卷，黄丕烈藏舊鈔善本。顧廣圻以《演繁露》易之，即此。」《持静齋藏書記要·鈔本》云：「《吴郡圖經續記》三卷，黄丕烈藏舊鈔善本。顧廣圻以《演繁露》易之者也。」今按：兩者義無異也。

（四）《持静齋書目·子部》云：「《玉海》二百卷，附《詞學指南》四卷，元刊精印本。首尾一律趙體書。刊于至元四年，又于至正十一年補正漏誤六萬字。……又有『田耕堂』、『錢氏味夢軒』、『胡惠孚笛江』、『郁氏泰峰』諸印。」《持静齋藏書記要·元刊本》云：「《玉海》二百卷附《詞學指南》四卷，元至元四年刊，至正十一年補正漏誤六萬字。趙體書，極工緻，首尾一律，緜紙精印。……當湖胡惠孚、滬上郁松年皆經藏。」今按：莫子偲此二書校記語何其相似乃爾！再證之以莫氏《郘亭知見傳本書目》子部十一記此書曰：「元印緜紙寬大者，極精美，豐順丁禹生有之。」三書互證，莫友芝手筆明矣。

（五）《持静齋書目·經部》云：「《儀禮鄭注》十七卷，宋刊本。每卷計經、注字數。每頁板心上端并有『淳熙四年刊』五篆字。每半頁八行，行十七字。注雙行，行亦十七字。趙文敏舊藏。」《持静齋藏書記要·宋刊本》云：「《儀禮鄭注》十七卷，每卷末分計經、注字數。宋本經史常有此例。每頁板心上端并有『淳熙四年刊』五篆字。」今按：莫友芝此二書校記語幾同，僅詳略小異。再證以莫友芝《宋元舊本書經眼録》卷一宋本《儀禮鄭注》十七卷解題：「每葉十六行，行十七字，注雙行，行字同，板心上端右并有『淳熙四年刊』五篆字。每卷末分記經、注字數。……同治甲子，署蘇松太道丁禹生日昌獲之上海肆中。乙丑五月三日，客道署借讀，審定爲實事求是齋經籍之冠。」丁禹生藏書樓初名「實事求是齋」。三書校記互證，莫友芝手筆無疑矣！

（六）《持静齋書目・史部》云：「《東都事略》一百三十卷，宋眉山程氏刊，初印本，薄緜紙，精好闊大，與《通鑑綱目》并史部甲乙。卷首有『眉山程舍人宅刊行』木記。丁巳春，曾文正公在揚州見此，詫爲人間未有之秘寶，薛紹彭、錢曾、陳鱣、郁松年經藏。錢曾王《讀書敏求記》所稱錢牧齋屢求不獲者即此。」《持静齋藏書記要・宋刊本》云：「《東都事略》一百三十卷，宋眉州刊本。半頁十二行，行二十四字。目録卷尾有楷書二行木記云：『眉山程舍人宅刊行，已申上司，不許覆板。』初印，極精好，薄緜紙，四端甚寬。有『薛紹彭』、『劉涇』二印。首有陳鱣録《讀書敏求記》及鱣圖像印。又經藏上海郁氏宜稼堂。此本紙墨之善，與《綱目》巨編，皆海内所希見，史部之甲乙也。」今按：莫友芝同治七年六月初七日致丁日昌信云其所編《持静齋書目》與《持静齋藏書記要》二書「一備一精」，信哉！

（七）《持静齋書目・史部》云：「《輿地廣記》三十八卷，宋殘本。卷十八至三十八。季振宜、黄丕烈、汪士鐘舊藏。卷中有顧千里、黄蕘圃手跋。每卷末俱刻有『淳祐庚戌郡守朱申重修』十字。」《持静齋藏書記要・宋刊本》之「《輿地廣記》殘本二十一卷，其書三十八卷。此宋刊起卷十八至末，而闕前十七卷。蓋顧氏小讀書堆舊藏。黄丕烈仿刊此書，《序》謂『淳祐重修本，藏亡友顧抱冲家，不可復見』者，殆即此者。」今按：莫友芝《宋元舊本書經眼録》卷一亦記是書：「宋本殘帙。始第十八卷至末三十八卷止。每半葉十行，行二十字，即黄丕烈士禮居仿刊祖本，首有丕烈題識。同治四年乙丑夏，滬上市出此書前二册，亦宋槧，式相似，亦丕烈據以仿刊者，惜未能收合之也。豐順丁禹生方伯所藏，丁卯仲冬借觀。」三書互校比對，莫友芝手筆無疑矣！

（八）《持静齋書目·集部》云：「《石林居士建康集》八卷，舊鈔本。李兆洛手校。宋葉夢得撰。」《持静齋藏書記要》卷下鈔本集部校記是書云：「《石林居士建康集》八卷，宋葉夢得撰，李兆洛校。舊鈔本。」今按：此二書解題僅是文句次序不同，「手校」與「校」，無異義。

（九）《持静齋書目·集部》云：「《蒲室集》十五卷，舊鈔本。曹溶藏。」《持静齋藏書記要》卷下鈔本集部亦記是書云：「《蒲室集》十五卷，曹氏倦圃藏書，鈔本。」今按：曹溶，號倦圃。莫友芝一稱曹氏名，一稱曹氏號，二書校記無異也。

（一〇）《持静齋書目·史部》云：「《雲山日記》四卷，依知不足齋本鈔本。元郭天錫撰。天錫《退思集》不傳，唯此《記》鮑氏從真迹録出而未刊行。」《持静齋藏書記要·鈔本》：「《雲山日記》四卷，元郭天錫撰。依知不足齋本鈔。天錫《退思集》不傳，唯此《記》從真迹録出。」今按：此二書解題幾同，莫友芝手筆明矣。

（一一）《持静齋書目·子部十一類書類》云：「《萬姓統譜》一百四十六卷附《氏族博考》十四卷。萬曆己卯刊本。明凌迪知撰。」《持静齋藏書記要》卷上明刊本子部：「《萬姓統譜》一百四十六卷附《氏族博考》十四卷。明凌迪知撰。萬曆己卯刊。」今按：《持静齋藏書記要》校記僅少一「本」字，莫子偲手筆無疑。

以上徵引比較均爲《持静齋書目》和《持静齋藏書記要》係莫友芝手筆的力證，在此次所點校之《宋元舊本經眼録》和《郘亭知見傳本書目》二書之校記中，隨處可見。讀者、研究者將莫氏此四書互校比對，自可一目了然，此不再贅述。

刊刻面世的《持静齋書目》共有五卷，其卷五爲「續增書目」。既名之曰「續增書目」，當然是指在《持静齋書目》原書之後的「續增書目」。該卷五「續增書目」子部雜家類收記「上海製造局刊本」一組五種書目：「《地學淺釋》十三卷，國朝華蘅芳筆述；《製藥》三卷，國朝丁樹棠筆述；《開煤要法》十二卷，國朝王德均筆述；《化學鑒原》五卷，英國韋而司撰；《汽機信度》一册。」這組上海製造局所刊五種書，均系同治十一年以後刊刻問世之書。莫友芝作古于同治十年秋。莫友芝所編《持静齋書目》不可能收記他辭世以後刊刻面世之書，可見《持静齋書目》「卷五續增書目」當爲丁日昌及其門人所收。爲保持《持静齋書目》刻本原貌，此次點校，仍予保留。

在刊刻面世的《持静齋書目》卷一至卷四所收書目解題中，亦可看到莫友芝校記原來之外的一些校箋信息。例如：

（一）卷一經部三詩類第十三條書目爲「《吕氏家塾讀詩記》三十二卷，鈔本，殘。」該詩類末之「附録」之下，又附録云：

《吕氏家塾讀詩記》三十二卷。續得宋刊巾箱本，共三十二卷。陸釴所稱「得宋本于豐存叔處，凡二十二卷」者，誤也。其二十六卷《篤公劉》首章《注》後識云：「先兄于己亥之秋復修是書，至此而終。自《公劉》之後，則往歲所纂輯者，皆未及刊定。如《小序》之有所去取，諸家之序次先後，與今編條例多未合。今不敢復有所損益，姑從其舊，以補是書之缺」云云。然則是書爲其弟祖約所校刊，與朱子《序》合。陳振孫《書録解題》所云《公劉》以下編纂已備者爲是，而陸釴所稱《公劉》以下爲門人續成者，乃懸揣之談矣。前半頁二十四行，行二十四字，後半每頁二十六行，行二十五字。張金吾所藏殘本十九卷者，僅見其半，孫淵如所藏小板十二行，行十九字者，與此又不同矣。有「項氏萬卷樓」、「毛子晉」諸印。宋呂祖謙撰。是書與《集傳》雖多異同，然折衷盡善，亦非株守漢學。解經家無門户之見者，以此爲最。

此附録之「續得宋刊巾箱本——《呂氏家塾讀詩記》三十二卷」，顯然是莫友芝所編《持静齋書目》原書稿之外（莫友芝《宋元舊本書經眼録》所記之「《呂氏家塾讀詩記》」亦非此「續得宋刊巾箱本」），乃丁日昌所「續得」并「附録」其後的新書目。這一類丁日昌所續增之「附録」書目，在《持静齋書目》卷一至卷四中，共計一百六十三種。

（二）《持静齋書目》卷四「《劉給事集》五卷」解題云：「舊鈔本。同治庚午四月，孫琴西衣言以所藏新舊鈔本校過，可感也。」莫友芝繳呈《持静齋書目》書稿給丁日昌的時間是同治八年二月十四日。此「同治庚午四月」爲同治九年四月，顯然此條校記不是莫友芝所作，而是丁日昌所增補。

又如：《持静齋書目》卷三類書類「《大唐類要》一百六十卷」解題之末有「聞莫子偲近得一鈔本，未知比此何如也」一句。觀其口吻，顯然不是莫友芝所作，而當爲丁日昌所增補。又如《持静齋書目》卷四集部八總集類「《吴下尋山記》一卷」解題之末有「以霽青曾守吾潮，故存之」一句。《吴下尋山記》的作者有二：黄安濤、顧沅。黄安濤，字寧輿、凝輿，號霽青，清嘉慶十四年進士，曾任廣東潮州知府。丁日昌故里豐順屬潮州。此云「霽青曾守吾潮」，當爲丁日昌所言。貴州獨山籍之莫友芝不可能説「吾潮」，這是顯而易見的。

《持静齋書目》以上信息，説明丁日昌不僅在卷五「續增書目」，而且還在莫友芝所繳呈之《持静齋書目》前四卷書稿中作了增補。據此，《持静齋書目》的作者是莫友芝，丁日昌只作了少許增補。《持静齋藏書記要》一書除了卷五續增部分，其餘全部由莫友芝獨力撰成，作者自然是莫友芝。兩書的著作權自應歸莫友芝無疑。

《持静齋書目》五卷收記丁日昌藏書三千一百零四種，《持静齋書目記要》二卷收記丁日昌藏書七百七十九種。丁日昌刊刻面世時無序跋説明具體刊刻年代、成書過程及撰作者等諸方面信息，所以世傳《持静齋書目》和附録《持静齋藏書記要》首刻本只能云「同治年間刻本」。這一同治年間刻本書板在民國七年、民國二十三年先後由廣州華英書局、北平來薰閣重加印行面世。另外，元和江標于光緒丙戌十月「爰以宋、元、校、鈔、舊刻五類分别部居」，重編爲《豐順丁氏持静齋書目》。此本祇收録同治本《持静齋書目》三千一百零四種書目中的五百三十四種，而且其解題多有删減節縮，所以江標光緒本只是《持静齋書目》同治年間刻本的删減節縮本，并非全本。

本次點校者以貴州省圖書館所藏民國二十三年北京來薰閣重刊《持静齋書目》爲底本，以江標光緒二十一年刻本爲參校本，并在相關書目點校記中，與莫友芝《持静齋藏書記要》、《宋元舊本書經眼録》、《郘亭知見傳本書目》三書兼作互勘比較。北京來薰閣刻本中的清代避諱、錯訛字等，均按規範繁體漢字予以恢復、校正；其中一些書校記有漏誤，亦在校勘記中作簡要勘誤。原書目中，凡書名頂格者，爲《四庫全書》收録之書，低一格者，爲《四庫》存目、未收或成書晚於《四庫》之書，茲一律照舊，讀者勿誤以爲排版不齊。新總目録置于書首，以便讀者、研究者查閲。

梁光華　梁　茜　李朝陽

二〇一四年七月於黔南民族師範學院

目録

持靜齋書目卷三……三三六

持靜齋續增書目卷五……七一一

子部

持静齋書目卷一

經部一

易類

子夏易傳十一卷 《通志堂經解》刊本。

舊本題「卜子夏撰」。

周易鄭康成注一卷 《玉海》附刊本。

漢鄭玄撰。《玉海》附刊十四種，僅存《周易注》、《通鑑地理通釋》二種，合《玉海》全卷，皆至元四年刊本。初印精善。

周易注十卷 坊本。又《漢魏叢書》單刊《易略例》一卷。

魏王弼注。《繫辭》以下，韓康伯注。

周易正義十卷 汲古閣刊本。又一部，九卷，無《略例》。

唐孔穎達撰。

周易集解十七卷 汲古閣《津逮秘書》刊本，附《釋文》、《略例》。

唐李鼎祚撰。

周易口訣義六卷 武英殿聚珍板本。

唐史徵撰。

周易舉正三卷《津逮秘書》刊本。

舊本題「唐郭京撰」。

易數鉤隱圖三卷，附遺論九事一卷 通志堂刊本。

宋劉牧撰。

温公易説六卷 聚珍板本。

宋司馬光撰。

横渠易説三卷 通志堂刊本。

宋張載撰。

東坡易傳九卷 明焦竑刊本。又閔齊伋朱墨刊本。又《津逮秘書》刊本。

宋蘇軾撰。

伊川易傳四卷 刊本。

宋程子撰。門人楊時校正。

吴園易解九卷 聚珍板本。又一部。

宋張根撰。

周易新講義十卷 日本《佚存叢書》活字印本。

宋龔原撰。

紫巖易傳十卷 通志堂刊本。

宋張浚撰。

泰軒易傳六卷 日本《佚存叢書》，活字印本。

題「宋清源李中正字伯謙撰」。

易小傳六卷 通志堂刊本。

宋沈該撰。

漢上易集傳十一卷，卦圖三卷，叢説一卷 通志堂刊本。

宋朱震撰。

易璇璣三卷 通志堂刊本。

宋吴沆撰。

易原八卷 聚珍板本。

宋程大昌撰。

郭氏傳家易説十一卷 聚珍板本。

宋郭雍撰。述其父忠孝《兼山易解》之旨，故名曰「傳家」。

周易義海撮要十二卷 通志堂刊本。

宋李衡删定。

復齋易說六卷　通志堂刊本。

宋趙彥肅撰。

周易玩詞十六卷　通志堂刊本。

宋項安世撰。

誠齋易傳二十卷　聚珍板本。

宋楊萬里撰。

易圖說三卷　通志堂刊本。

宋吴仁傑撰。

古周易一卷 通志堂刊本。

宋吕祖謙撰。

易傳燈四卷 李調元刊《函海》本。

宋徐總幹撰。吕祖謙之門人。

厚齋易學五十二卷 舊鈔本。

宋馮椅撰。

易裨傳二卷 通志堂刊本。

宋林至撰。

童溪易傳三十卷 通志堂刊本。

宋王宗傳撰。

丙子學易編一卷 通志堂刊本。

宋李心傳撰。書成於嘉定丙子，因以爲名。

易象意言一卷 聚珍板本。

宋蔡淵撰。

周易要義十卷 舊鈔本。

宋魏了翁撰。《九經要義》之一也。

東谷易翼傳二卷 通志堂刊本。

宋鄭汝諧撰。

朱文公易説二十三卷 通志堂刊本。

宋朱鑑編。鑑爲朱子之長孫。是書裒輯朱子平日論《易》之語。

易學啓蒙小傳一卷，附古經傳一卷 坊本。又通志堂刊本《小傳》一卷。

宋税與權撰。

周易輯聞六卷，附易雅一卷，筮宗一卷 通志堂刊本。

宋趙汝楳撰。

周易傳義附録十四卷 通志堂刊本。

宋董楷撰。

易學啓蒙通釋二卷 通志堂刊本。

宋胡方平撰。

三易備遺十卷 通志堂刊本。

宋朱元昇撰。

周易集説四十卷 通志堂刊本。

宋俞琬撰。

易圖通變五卷易筮通變三卷 坊本。又通志堂刊本《易圖通變》五卷。

宋雷思齊撰。

讀易私言一卷 通志堂刊本。

元許衡撰。

易本義附録纂疏十五卷 通志堂刊本。

元胡一桂撰。

易學啓蒙翼傳四卷 通志堂刊本。

元胡一桂撰。

易纂言十卷 通志堂刊本。

元吴澄撰。

易學濫觴一卷 聚珍板本。

元黄澤撰。

大易緝説十卷 通志堂刊本。

元王申子撰。

周易本義通釋十二卷 通志堂刊本。又舊鈔本，十卷，附《雲峰易義》一卷。朱昆田、吴翌鳳曾藏。

元胡炳文撰。

周易本義集成十二卷 通志堂刊本。

元熊良輔撰。

大易象數鉤深圖三卷 通志堂刊本。

元張理撰。

學易記九卷 通志堂刊本。

元李簡撰。

周易集傳八卷 蔣生沐刊《别下齋叢書》刊本。

元龍仁夫撰。

讀易考原一卷 文瀾閣本依鈔。

元蕭漢中撰。

周易會通十四卷 通志堂刊本。

元董真卿撰。

周易圖説二卷 文瀾閣本依鈔。

元錢義方撰。

周易參義十二卷 通志堂刊本。

元梁寅撰。

易象鉤解四卷 道光中刊《歸雲别集》本。

明陳士元撰。

洗心齋讀易述十七卷 明萬曆丙午刊本。

明潘士藻撰。

易象正十六卷 康熙癸亥刊《石齋九種》本。

明黄道周撰。

卦變考略一卷 閣本依鈔。

明董守諭撰。

周易旁註四册 舊鈔本。

明朱升撰。《四庫存目》收其《圖説》二卷，謂其《註》已逸。此本一册爲《圖説》，三册爲《註》，蓋猶完書也。

易經會通十卷 萬曆丁巳刊本。

明汪邦柱、江栴同撰。《四庫存目》「汪」作「王」。

易憲四卷 刊本。又一部，鈔本。

明沈泓撰。入《存目》。

周易玩詞困學記六卷 康熙己酉自序刊本。

明張次仲撰。

御纂周易折中二十二卷 江南官刊本。又一部。

康熙五十四年，大學士李光地等奉敕撰。

周易稗疏四卷，附考異一卷 同治四年湘鄉曾氏刊本。

國朝王夫之撰。

周易内傳六卷，發例一卷，大象解一卷，外傳七卷 湘鄉刊本。

國朝王夫之撰。

仲氏易三十卷 《西河全書》刊本。

國朝毛奇齡撰。

推易始末四卷《西河全書》刊本。

國朝毛奇齡撰。

春秋占筮書三卷《西河全書》刊本。

國朝毛奇齡撰。

易小帖五卷《西河全書》刊本。又《河圖洛書原舛篇》一卷，入《存目》

國朝毛奇齡説《易》之語，其門人記録成書者也。

周易通論四卷《安溪全書》刊本。

國朝李光地撰。

周易觀象十二卷《安溪全書》刊本。又《周易觀象大指》二卷。

國朝李光地撰。

易圖明辨十卷《粤雅堂叢書》刊本。

國朝胡渭撰。

合訂删補大易集義粹言八十卷通志堂刊本。

國朝納喇性德撰。

易説六卷坊本。又《半農先生易説》一卷，與《研溪先生詩説》一卷兩稿本同册，首有「紅豆書屋」印，蓋當時手稿。

國朝惠士奇撰。

易漢學八卷《經訓堂叢書》刊本。

國朝惠棟撰。

河洛精蘊九卷 乾隆四十年刊本。

國朝江永撰。乾隆二十四年自序。

孫氏周易集解十卷 粵雅堂刊本。

國朝孫星衍撰。

周易闡象五卷 刊本。

國朝蔡首乾撰。乾隆六十年自序。

周易旁箋一厚册，無卷數 顧沅家藏鈔本。蓋老輩致功未竟之書。卷首有「古吳武陵叔子湘舟氏珍藏」印。

周易朿翼集解□卷[一] 刊本。未詳撰人。

易象大意存解一卷 刊本。國朝浮梁汪泩容川撰。嘉慶甲子自序。

安甫遺學三卷 刊本。國朝興化任陳晉撰。國朝歙童子江承之安甫撰。

附録

乾坤鑿度二卷 武英殿刊本。編在聚珍板書中。

是書爲《永樂大典》所載《易緯八種》之一。

周易乾鑿度二卷 聚珍板本。

是書爲《易緯八種》之二。舊本標「鄭康成註」。

易緯稽覽圖二卷 聚珍板本。

是書爲《易緯八種》之三。

易緯辨終備一卷 聚珍板本。

是書爲《易緯八種》之四。

易緯通卦驗二卷 聚珍板本。

是書爲《易緯八種》之五。《宋史·藝文志》作二卷，《永樂大典》合爲一篇。

易緯乾元序制記一卷 聚珍板本。

是書爲《易緯八種》之六。唐以前史不著録，陳振孫《書録解題》始載之。

易緯是類謀一卷 聚珍板本。

是書爲《易緯八種》之七。

易緯坤靈圖一卷 聚珍板本。

是書爲《易緯八種》之八。

三墳書一卷 《漢魏叢書》刊本。

北宋人僞作。入《存目》附録。

右易類。

經部二

書　類

尚書正義二十卷 汲古閣刊本。又一部。

舊本題「漢孔安國傳，唐孔穎達疏」。

東坡書傳十三卷 明焦竑刊本，與《易傳》合爲一部。

宋蘇軾撰。

尚書全解四十卷 通志堂刊本。

宋林之奇撰。

鄭敷文書説一卷 《函海》刊本。

宋鄭伯熊撰。

禹貢指南四卷 聚珍板本。

宋毛晃撰。

禹貢論五卷 通志堂刊本。

宋程大昌撰。

禹貢圖上下二卷 宋刊本，初印，極精善。《四庫》所載《永樂大典》二十八圖者，已爲世所未覯之本，此本則三十圖巋然并在，真希世鴻寶也。

宋程大昌撰。較《四庫》本多《九州山川實證總圖》、《今定禹河漢河對出圖》，共只三十圖，不知陳振孫《書録解題》何以云「三十一圖」。其《叙説》上、下卷，共五十四篇，與所云「《論》五十二篇、《後論》八篇亦不同」。圖中地名有隨方向爲位置者，甚精。

夏氏尚書詳解二十六卷 聚珍板本。

宋夏僎撰。

禹貢説斷四卷 聚珍板本。又通志堂刊本，題「禹貢集解二卷」。

宋傅寅撰。

增修東萊書説三十五卷 通志堂刊本。

後十三卷，宋吕祖謙撰；前廿二卷，其門人時瀾增修。

尚書説七卷 通志堂刊本。

宋黄度撰。

書集傳六卷 坊本。

宋蔡沈撰。

陳氏尚書詳解五十卷 聚珍板本。

宋陳經撰。

融堂書解二十卷 聚珍板本。

宋錢時撰。

洪範統一一卷 《函海》刊本。

宋趙善湘撰。

尚書集傳或問二卷 通志堂刊本。

宋陳大猷撰。

胡氏尚書詳解十三卷 通志堂刊本。

宋胡士行撰。

尚書表註一卷 通志堂刊本。

宋金履祥撰。

書古文訓十六卷 通志堂刊本。又一部。

宋薛季宣撰。入《存目》。

書疑九卷 通志堂刊本。

宋王柏撰。入《存目》。

書纂言四卷 明嘉靖乙酉顧應祥據正德辛巳本重刊于滇中。曝書亭舊藏，有《題識》。又通志堂刊本。

元吴澄撰。海鹽鄭端簡批校。通志堂刻《經解》時，向朱竹垞借鈔，即此本也。

尚書集傳纂疏六卷 明澹生堂祁氏舊鈔本，附《書序纂疏》一卷。又通志堂刊本。

元陳櫟撰。

尚書輯録纂註六卷 元建安余氏勤有堂刊本，多《書序纂註》一卷。曝書亭舊藏，批校甚精。又通志堂刊本。

元董鼎撰。

尚書通考十卷 通志堂刊本。

元黄鎮成撰。

書蔡傳旁通六卷 通志堂刊本。

元陳師凱撰。

讀書管見二卷 通志堂刊本。

元王充耘撰。

尚書纂傳四十六卷 通志堂刊本。

元王天與撰。

尚書句解十三卷 通志堂刊本。

元朱祖義撰。

定正洪範一卷 通志堂刊本。

元胡一中撰。入《存目》。

尚書考異五卷 道光乙酉立本齋刊本。

明梅鷟撰。

洪範明義四卷 《石齋九種》刊本。

明黄道周撰。

禹貢通解一卷 刊本。

檇李邵璜撰。入《存目》。

書經稗疏四卷 同治四年湘鄉曾氏刊本。

國朝王夫之撰。

尚書引義六卷 湘鄉刊本。

國朝王夫之撰。

九州山水考三卷 刊本。

國朝孫承澤撰。入《存目》。

古文尚書冤詞八卷《西河全書》刊本。

國朝毛奇齡撰。

尚書廣聽録五卷《西河全書》刊本。又《舜典補亡》一卷。

國朝毛奇齡撰。入《存目》。

尚書埤傳十七卷刊本。又有補二卷。

國朝朱鶴齡撰。

禹貢錐指二十卷，圖一卷康熙時漱六軒刊本。

國朝胡渭撰。

尚書七篇，解義一卷 坊本。又《安溪全書》刊本，七卷，附《洪範説》一卷。

國朝李光地撰。

尚書後案三十卷，附後辨一卷 乾隆庚子刊本。

國朝王鳴盛撰。

尚書撰異三十二卷 經均樓刊本。

國朝金壇段玉裁撰。

尚書今古文注疏三十卷 平津館刊本。

國朝孫星衍撰。

禹貢會箋十二卷

國朝徐文靖撰。首列《禹貢》山水，次爲《圖説》十八。

右書類。

附録

尚書表註二卷 續得宋刊本。仁山得朱子之傳，加以覃心研思，嘗自云「解至後卷即覺前義之淺」，蓋竭畢生之力以成之者也。國初崑山徐氏、錫山秦氏所藏《尚書注》十二卷，皆仁山早歲所著，即柳文肅《行狀》中所稱「章釋句解，已有成書」者，非此本也。通志堂所刻，即向顧伊人借鈔者。然缺鈔《序》，四闌外之上下左右標識亦多脱誤。蓋借鈔時，伊人不示以原本，但據另本過鈔，輾轉訛傳，遂致魯魚亥豕。迨婺州本復以通志堂本重刻，縮小標題，位置尤多錯脱。今此本靈光巋然，真可寶貴。顧伊人、周松靄曾藏。

宋金履祥撰。《梓材》一篇引《大傳》今文，以爲當有「周公曰」，而無「封」字，雖近於改經，然於上文更爲一貫。大抵仁山此作，專主於明節目、通脉絡，與少作之句梳字櫛者，命意又截然不同。仁山卒於元大德間。今此刻猶避宋諱，大約刊於宋末元初可知也。

經部三

詩類

詩序二卷《津逮秘書》刊本。又依閣本鈔。

首句爲毛公以前經師所傳，其下申言爲毛公以後經師所加。

毛詩正義四十卷汲古閣刊本。又一部。

漢毛亨撰，鄭玄箋，唐孔穎達疏。

毛詩草木鳥獸蟲魚疏二卷 乾隆末趙佑校正刊本，甚善。

吴陸璣撰。

毛詩陸疏廣要二卷 《津逮秘書》刊本。

明毛晉撰。

毛詩指説一卷 通志堂刊本。

唐成伯璵撰。

毛詩本義十六卷 通志堂刊本。

宋歐陽修撰。

毛詩名物解二十卷 通志堂刊本。

宋蔡卞撰。

毛詩集解四十二卷 通志堂刊本。

不著編録者名氏。

詩説一卷 通志堂刊本。

宋張耒撰。入《存目》。

詩補傳三十卷 通志堂刊本。

宋范處義撰。

詩總聞二十卷 聚珍板本。又明澹生堂依宋本過録之本，何義門舊藏。

宋王質撰。祁氏據宋刻富川本過鈔者。與聚珍本微有異同。

詩集傳八卷 明司禮監官刊附《音釋》本。

宋朱子撰。

呂氏家塾讀詩記三十二卷 鈔本，殘。

宋呂祖謙撰。

續呂氏家塾讀詩記三卷 聚珍板本。

宋戴溪撰。

絜齋毛詩經筵講義四卷 聚珍板本。

宋袁燮撰。

毛詩要義三十八卷 宋刊本。曹楝亭、郁氏宜稼堂均藏。

宋魏了翁撰。《九經要義》之一，闕。經七百餘年，猶完好無損，真希世奇珍也。

詩傳遺説六卷 通志堂刊本。又一部。

宋朱鑑編。

詩考一卷 坊本。又《詩地理考》六卷，《津逮秘書》刊本。又附《玉海》本。

宋王應麟撰。

詩疑二卷 通志堂刊本。

宋王柏撰。入《存目》。

詩集傳名物鈔八卷 通志堂刊本。

元許謙撰。

毛詩音釋十卷，又詩圖一卷，詩序一卷 元刊本，周春舊藏。

元許謙撰。

詩經疏義二十卷 元刊本、不甚精。

元朱公遷撰。

詩疑問七卷，附詩辨説一卷 通志堂刊本。

《詩疑問》七卷，元朱倬撰。附録《詩辨説》一卷，宋趙德撰。

詩解頤四卷 通志堂刊本。

明朱善撰。

六家詩名物疏五十四卷 明萬曆乙巳刊本。

明馮應京撰。

毛詩正變指南圖六卷 刊本。

明末陳重光所刊，託之宋人。入《存目》。

詩傳一卷　題「子貢」撰。詩説一卷　題「申培撰」。《津逮秘書》刊本。

并明人豐坊僞作。入《存目》。

詩經類考□□卷　明末刊本。

明沈萬珂撰。入《存目》。

欽定詩經傳説彙纂二十卷序二卷　江南官刊本。

康熙六十年户部尚書王鴻緒等奉敕撰。

詩經稗疏四卷　湘鄉曾氏刊本。

國朝王夫之撰。

詩經考異一卷，叶韻辨一卷，廣傳五卷湘鄉刊本。

國朝王夫之撰。

詩所八卷《安溪全書》刊本。

國朝李光地撰。

毛詩寫官記四卷《西河全書》刊本。

國朝毛奇齡撰。

詩札二卷《西河全書》刊本。

國朝毛奇齡撰。

詩傳詩説駁義五卷《西河全書》刊本。

國朝毛奇齡撰。

續詩傳鳥名三卷《西河全書》刊本。又《白鷺洲主客説詩》一卷,《國風省篇》一卷。

國朝毛奇齡撰。入《存目》。

詩傳名物集覽十二卷康熙癸巳刊本。

國朝陳大章撰。

毛鄭詩考證五卷,杲溪詩經補注二卷微波榭刊本。

國朝戴震撰。

毛詩詁訓三十卷 經均樓刊本。

國朝段玉裁撰。

詩經小學四卷 拜經堂刊本。

國朝段玉裁撰。

毛詩後箋三十卷 求是齋刊本。

國朝胡承珙撰。

詩世族考六卷 別下齋刊本。

國朝李超孫撰。

詩倫二卷 聚珍板本。

國朝汪薇撰。

附録

韓詩外傳十卷 《津逮秘書》刊本。又《漢魏叢書》何允中刊本。

漢韓嬰撰。

右詩類。

附録

吕氏家塾讀詩記三十二卷

續得宋刊巾箱本，共三十二卷。陸釴所稱得宋本於豐存叔處，凡二十二卷者，誤也。其二十六卷《篤公劉》首章《註》後識云：「先兄于己亥之秋復修是書，至此而終，自《公劉》之後，則往歲所纂輯者，皆未及刊定。如《小序》之有所去取，諸家之序次先後，與今編《條例》多未合。今不敢復有所損益，姑從其舊，以補是書之缺」云云。然則是書爲其弟祖約所校刊，與朱子《序》合。陳振孫《書録解題》所云「《公劉》以下編纂已備」者爲是。而陸釴所稱「《公劉》以下爲門人續成者」，乃懸揣之談矣。前半每頁二十四行，行二十四字，後半每頁二十六行，行二十五字。張金吾所藏殘本十九卷者，僅見其前半，孫淵如所藏小板十二行行十九字者，與此又不同矣。有「項氏萬卷樓」、「毛子晉」諸印。

宋吕祖謙撰。是書與《集傳》雖多異同，然折衷盡善，亦非株守漢學。解經家無門户之見者，以此爲最。

經部四

禮類

周禮註疏四十二卷 汲古閣刊本。

漢鄭玄註。

附釋音周禮註疏四十二卷 元刊十行本。田耕堂舊藏。

唐賈公彥奉敕撰。

考工記注一册 仁和胡珽琳琅秘室活字本。

唐杜牧撰。

周官新義十六卷，附考工記解二卷 粤雅堂刊本。

宋王安石撰。

禮經會元四卷 通志堂刊本。

宋葉時撰。

太平經國之書十一卷 通志堂刊本。又嘉靖間刊本。

宋鄭伯謙撰。

周禮訂義八十卷 通志堂刊本。

宋王與之撰。

鬳齋考工記解二卷 通志堂刊本。

宋林希逸撰。

周禮全經釋原十四卷 明隆慶四年刊本。

明柯尚遷撰。

周官禄田考三卷 《果堂集》刊本。

國朝沈彤撰。

考工記圖二卷 微波榭刊本。又《戴氏遺書》刊本。

國朝戴震撰。

周禮漢讀考六卷 經均樓刊本。

國朝段玉裁撰。

附録

周禮纂要六卷 舊鈔本。惠棟所藏。人、文俱不足重，姑以定宇校勘本附存之。

國朝錢謙益撰。

右禮類《周禮》之屬。

儀禮註疏十七卷 汲古閣刊本。又明嘉靖聞人詮刊於常州本。又盧陵陳鳳梧刊十行本，頗多脱誤。

漢鄭玄註，唐賈公彦疏。陳鳳梧刊者，爲毛子晉舊藏。

儀禮鄭註十七卷 宋刊本。趙孟頫舊藏。

漢鄭玄註。每卷計經、註字數，每頁板心上端并有「淳熙四年刊」五篆字。每半頁八行，行十七字。註雙行，行亦十七字。

十行本儀禮十七卷

宋刊本，無註。

儀禮識誤三卷 聚珍板本。

宋張淳撰。

儀禮集釋三十卷 聚珍板本。

宋李如圭撰。

儀禮釋宮一卷　聚珍板本。

宋李如圭撰。

儀禮圖十七卷，儀禮旁通圖一卷　坊本。又通志堂刊本。前有單經十七卷。

宋楊復撰。

儀禮要義五十卷　宋刊本。汪士鐘舊藏，前藏嘉定錢氏。儀徵阮氏多方購求而不得者，即此本也。

宋魏了翁撰。亦其「九要義」之一也。

儀禮逸經傳二卷　通志堂刊本。

元吴澄撰。

儀禮集説十七卷 通志堂刊本。

元敖繼公撰。

經禮補逸九卷 通志堂刊本。

元汪克寬撰。

儀禮漢讀考一卷 經均樓刊本。

國朝段玉裁撰。

儀禮石經校勘記四卷 粤雅堂刊本。

國朝阮元撰。

儀禮古今文疏義十七卷 求是齋刊本。

國朝胡承珙撰。

附録

内外服制通釋七卷 依閣本鈔。

宋車垓撰。

讀禮通考一百二十卷 康熙間刊本。又初印宣紙本，極精善。

國朝徐乾學撰。

右禮類《儀禮》之屬。

禮記正義六十三卷 汲古閣刊本。

漢鄭玄註，唐孔穎達疏。

仿宋撫州本禮記鄭註二十卷，音義二卷，附考異二卷

嘉慶丙寅陽城張敦仁校刊。初印，精善。

盧氏禮記解詁一卷 國朝臧鏞堂刊本。

漢盧植注。

蔡氏月令章句二卷 亦臧鏞堂所刊。

漢蔡邕注。

附釋音禮記注疏六十三卷　元刊十行本。汲古閣、田耕堂均藏。

唐孔穎達奉敕撰。

月令解十二卷　依閣本鈔。

宋張虙撰。

禮記集説一百六十卷　宋刊本。綿紙初印，墨寶紙光，上燭霄漢，真至寶也。首卷首頁魏鶴山《序》已殘缺，僅存「了翁」二字、「鶴山書院」一印。次列原註書人名姓，凡一百四十四家。卷末附正叔《後序》并跋尾，復附真西山回翰，推挹甚至。蓋正叔專心致志於此者三十餘年，宜其高出陳澔書萬萬也。西山書中所稱「程、張僅發明大旨，吕氏不盡解全書，學者無所據依以訂其真僞。今執事乃能味世人之所不味，用積年之功，以底於成」云云，可知西山亦深誹當時空腹談經者之非，而「味世人之所不味」一語，不滿時人之旨，尤隱然見諸言外矣。此書即國初盛稱項氏宋本者，通志堂刻時僅見鈔本，而未見此本，故多謬誤。何義門《經解目録》注云「有宋本，中闕十餘卷；其板最精」者，即此。有「田耕堂」、「秦蕙田宗伯」、「華亭朱氏」諸印。又通志堂刊本。

宋衛湜撰。《通志堂補遺》錯誤尤甚者：七十三卷、七十六卷、七十七卷、九十四卷、九十六卷、九十七卷、九十九卷。比聞省中覆刊《通志堂》，當鈔此數篇寄之。

雲莊禮記集説十卷 明刊本。三十卷。

元陳澔撰。

月令明義四卷 《石齋九種》刊本。

明黄道周撰。

表記集傳二卷 《石齋九種》刊本。

明黄道周撰。

坊記集傳二卷 《石齋九種》刊本。

明黄道周撰。

緇衣集傳四卷《石齋九種》刊本。

明黄道周撰。

儒行集傳二卷《石齋九種》刊本。

明黄道周撰。

曾子問講録□□卷《西河全書》刊本。

國朝毛奇齡撰。入《存目》。

陳氏禮記集説補正三十八卷通志堂刊本。

國朝納喇性德撰。

禮記異文釋八卷 別下齋刊本。

國朝李富孫撰。

續禮記集説一百卷 鈔本。《自序》謂「比衛氏書減三分之二」。

國朝杭世駿撰。體例略如衛氏，而精博亦幾幾可以及之。未知世有刻本否，當寶守而廣傳之。

附録

大戴禮記十三卷 聚珍板本。又《漢魏叢書》刊本。

漢戴德撰。

夏小正戴氏傳四卷 通志堂刊本。

宋傅崧卿撰。

大戴禮補註十三卷目録一卷 刊本。

國朝曲阜孔廣森㮣軒撰。

夏小正輯注四卷 乾隆戊子刊本。

國朝范家相撰。

夏小正考注一卷 經訓堂刊本。

國朝畢沅撰。

夏小正補注一卷《心齋十種》刊本。

國朝任文田撰。

右禮類《禮記》之屬。

三禮目録一卷國朝臧鏞堂録出刊行。

漢鄭康成撰。

三禮圖集註二十卷通志堂刊本。又别刊本。

宋聶崇義撰。

禮經類編三十卷 舊鈔本,多浮簽、改竄,當係手稿。

明李經綸撰。入《存目》。

郊社禘祫問一卷《西河全書》刊本。

國朝毛奇齡撰。

昏禮辨正一卷,廟制折衷二卷,大小宗釋一卷,學校問一卷,明堂問一卷《西河全書》刊本。

國朝毛奇齡撰。入《存目》。

明堂大道録八卷，禘説二卷 經訓堂刊本。又一部。

國朝惠棟撰。

三禮通釋二百八十卷 咸豐八年奏進，同治甲子廣州刊本。

國朝林昌彝撰。

禮經通論二卷 同治三年刊本。

國朝邵懿辰撰。

右禮類三禮總義之屬。

禮書一百五十卷 元至正七年刊本。周春舊藏。又福清郭氏刊本。孫氏星衍屬其子孫勿爲陳氏所誤，其實陳氏兄弟在宋人中最爲博洽，《禮》、《樂書》足資後人考證者甚多，淵如之論未免矯枉過正矣。

宋陳祥道撰。

儀禮經傳通解三十七卷，續二十九卷 宋刊本。錢謙益舊藏。

宋朱子撰。門人黄榦、楊復重修。刊于嘉定丁丑。

五禮通考二百六十二卷 宣紙初印，合《讀禮通考》爲一部。

國朝秦蕙田撰。

右禮類通禮之屬。

書儀十卷 雍正元年汪亮采影宋鈔本刊。

宋司馬光撰。

家禮五卷，附録一卷 坊本。

舊本題「宋朱子撰」。

家禮儀節八卷 鈔本。

明丘濬撰。入《存目》。

泰泉鄉禮七卷 坊本。

明黄佐撰。

辨定祭禮通俗譜五卷《西河全書》刊本。又有《周禮問》二卷。

國朝毛奇齡撰。入《存目》。

右禮類雜《禮書》之屬。

附録

禮記要義三十三卷 續得宋刊本。緜紙初印，最爲精善。中如《月令》「蓱始生」，時本「蓱」皆誤爲「萍」，則鄭《注》遂爲贅語。《月令注》「耒，耕之上曲也」，時本「耕」皆誤爲「耜」；《郊特牲注》「賓爲苟敬」，時本皆誤「賓爲尊敬」。諸如此類，足以證時本之訛誤者，不可枚舉。真天壤間有數鴻寶也。惟首二卷有闕，無從鈔補，不能無遺憾云。汪啓淑、郁松年曾藏。

宋魏了翁撰。

檀弓叢訓二卷 《函海》刊本。

明楊慎撰。入《存目》。

禮記章句四十九卷 湘鄉刊本。

國朝王夫之撰。

經部五

春秋類

春秋左傳正義六十卷 明北監萬曆二十九年刊本。錢季修藏。又汲古閣刊本。

周左丘明撰，晉杜預註，唐孔穎達疏。

春秋經傳集解三十卷，附年表一卷，名號歸一圖一卷

宋刊本。卷首《序》後有木記二行，刻「潛府劉氏家塾希世之寶」。

春秋經傳集解三十卷 眉端有老輩評校，甚有特識，不署名氏。

明翻岳本。

春秋公羊傳註疏二十八卷 汲古閣刊本。

舊本題「周公羊高撰」，實高所傳述，而其元孫壽及胡毋子都録爲書。漢何休註，唐徐彦疏。

春秋穀梁傳註疏二十卷 汲古閣刊本。又一部。

周穀梁赤所述，晉范寧註，唐楊士勛疏。

春秋釋例十五卷 聚珍板本。又微波榭刊，其中之《春秋土地名》一卷，《春秋長曆》三卷。

晉杜預撰。

春秋集傳纂例十卷 康熙中龔翔麟玉玲瓏閣刊本。中有老輩批校甚精，未署名氏。

唐陸淳撰。

春秋微旨三卷 龔翔麟刊本。

唐陸淳撰。

春秋集傳辨疑十卷 龔翔麟刊本。合上共二十三卷，爲一部。

唐陸淳撰。

春秋名號歸一圖二卷 通志堂刊本。又刊附《集解》本。

蜀馮繼先撰，宋岳珂重編。

春秋年表一卷 附《集解》刊本。又依閣鈔本。

不著撰人名氏。

春秋尊王發微十二卷 通志堂刊本。

宋孫復撰。

春秋皇綱論五卷 通志堂刊本。

宋王晳撰。

春秋權衡十七卷 通志堂刊本。

宋劉敞撰。

春秋傳十五卷 通志堂刊本。

宋劉敞撰。

春秋意林二卷 通志堂刊本。

宋劉敞撰。

春秋傳説例一卷 聚珍板本。

宋劉敞撰。

春秋經解十三卷 聚珍板本。又通志堂刊本。又一部，二册。

宋孫覺撰。

春秋辨疑四卷 聚珍板本。

宋蕭楚撰。

春秋本例二十卷 通志堂刊本。

宋崔子方撰。

春秋五禮例宗七卷 明人鈔本，有曹溶印。又依閣鈔本。

宋張大亨撰。

葉氏春秋傳二十卷 通志堂刊本。題「石林春秋傳」。

宋葉夢得撰。

春秋考十六卷 聚珍板本。

宋葉夢得撰。

吕氏春秋集解三十卷 通志堂刊本，誤題「吕祖謙」。

宋吕本中撰。

高氏春秋集註四十卷 聚珍板本。

宋高閌撰。

春秋後傳十二卷　通志堂刊本。

宋陳傅良撰。

春秋左氏傳説二十卷　通志堂刊本。

宋吕祖謙撰。

春秋比事十七卷　明人依元刻鈔本。黄梨州先生曾藏，末卷有《跋》。又周春經藏。

宋沈棐撰。

春秋分紀九十卷　舊鈔本。張月霄所藏。是書南宋説《春秋》家最善者，未有刊本。

宋程公説撰。

春秋講義四卷 依閣鈔本。

宋戴溪撰。

春秋集註十一卷，綱領一卷 通志堂刊本。

宋張洽撰。

春秋王霸列國世紀編三卷 通志堂刊本。

宋李琪撰。

春秋通説十三卷 通志堂刊本。又一部。

宋黃仲炎撰。

洪氏春秋説三十卷 舊鈔本，闕。

宋洪咨夔撰。

春秋經筌十六卷 通志堂刊本。

宋趙鵬飛撰。

吕氏春秋或問二十卷 通志堂刊本。

宋吕大圭撰。

春秋詳説三十卷 通志堂刊本。又一部。

宋家鉉翁撰。

讀春秋編十二卷 通志堂刊本。

宋陳深撰。

春秋左傳句解三十五卷 元刊本。

宋朱申撰。入《存目》。

春秋提綱十卷 通志堂刊本。

元陳則通撰。

春秋集傳釋義大成十二卷 通志堂刊本。

元俞皋撰。

春秋諸國統紀六卷，目録一卷 通志堂刊本。

元齊履謙撰。

春秋本義三十卷 通志堂刊本。

元程端學撰。

程氏春秋或問十卷 通志堂刊本。

元程端學撰。

春秋四傳三十八卷 明嘉靖福建刊本。經下全録三《傳》及胡《傳》。

未詳編人。入《存目》。

春秋諸傳會通二十四卷 通志堂刊本。

元李廉撰。

春秋集傳十五卷 通志堂刊本。

元趙汸撰。

春秋師説三卷 通志堂刊本。

元趙汸撰。

春秋屬詞十五卷 通志堂刊本。

元趙汸撰。

春秋左氏傳補註十卷 通志堂刊本。

元趙汸撰。

春秋金鎖匙一卷 微波榭刊本。

元趙汸撰。

春秋胡傳附録纂疏三十卷 元刊本。初印，精善。

元汪克寬撰。卷首有至元再元之四年汪澤民《序》，至正元年虞集《序》。

春王正月考一卷 通志堂刊本。

明張以寧撰。

春秋大全七十卷 坊本。

明永樂中翰林學士胡廣等奉敕撰。

左鸕二卷 明刊本。附《簡端録》後。

明邵寶撰。入《存目》。

春秋億六卷 徐氏《海隅集》刊本。

明徐學謨撰。

左氏杜林合註五十卷 坊本。

明王道焜、趙如源同編。

左求一卷 崇禎四年刊本。

明錢旃撰。專論《左傳》。

日講春秋解義六十四卷 内府刊本。

聖祖仁皇帝講筵舊本，世宗憲皇帝重加考定。

左傳杜解補正三卷 《亭林十種》刊本。

國朝顧炎武撰。

春秋稗疏二卷 湘鄉曾氏刊本。

國朝王夫之撰。

春秋世論五卷，讀春秋左傳博議二卷 湘鄉刊本。

國朝王夫之撰。又《春秋家説》三卷。

春秋毛氏傳三十六卷 《西河全書》刊本。

國朝毛奇齡撰。

春秋簡書刊誤二卷 《西河全書》刊本。

國朝毛奇齡撰。

春秋屬辭比事記四卷 《西河全書》刊本。又《春秋條貫篇》十二卷。

國朝毛奇齡撰。入《存目》。

春秋長曆十卷 鈔本。

國朝陳厚耀撰。

半農春秋説十五卷 刊本。初印，頗佳。

國朝惠士奇撰。

春秋大事表五十卷，輿圖一卷，附録一卷 乾隆十二年刊本。

國朝顧棟高撰。

春秋臆説四卷 康熙五十九年《自序》刊本。

國朝吴啓昆撰。

公穀彙義十二卷 刊本。

國朝姜兆錫撰。入《存目》。

春秋比事目録四卷 刊本。

國朝方苞撰。入《存目》。

讀左補義五十卷 乾隆戊子刊本。

國朝姜炳章撰。入《存目》。

春秋古經二卷 經均樓刊本。

國朝段玉裁校學。

春秋穀梁傳時月日書法解例一卷 粵雅堂刊本。

國朝許桂林撰。

春秋七國統表□□卷[二] 刊本。

國朝魏翼龍撰。七國者：滕、薛、杞、越、莒、邾、許也。

三傳異文釋十二卷 別下齋刊本。

國朝李富孫撰。

附録

春秋繁露十七卷 聚珍板本。又《漢魏叢書》刊本。

漢董仲舒撰。

右《春秋》類。

經部六

孝經類

古文孝經孔氏傳一卷 日本《佚存叢書》本。題「寬政己未仲春天瀑山人活字印」，當嘉慶四年。

舊本題「漢孔安國撰」。

孝經正義三卷 汲古閣刊本。

唐玄宗明皇帝御註，宋邢昺疏。

古文孝經指解一卷 通志堂刊本。

宋司馬光撰。

孝經刊誤一卷 刊本。

宋朱子撰。

孝經大義一卷 通志堂刊本。

宋董鼎撰。

孝經句解一卷 通志堂刊本。

宋朱申撰。入《存目》。

孝經定本一卷 通志堂刊本。

元吴澄撰。

孝經述注一卷 刊本。

明項霦撰。

孝經集傳四卷 《石齋九種》刊本。

明黄道周撰。

孝經全注一卷《安溪全書》刊本。

國朝李光地撰。

孝經問一卷《西河全書》刊本。

國朝毛奇齡撰。

右《孝經》類。

經部七

五經總義類

密行小字五經二函十六本 卷首有「王氏嘉樂堂收藏圖書」。此即世所稱宋巾箱本也。

宋刊本。每半頁二十行，行二十七字。行密如檣，字纖如髮，快心豁眼，朗若列眉。

駁五經異義一卷，補遺一卷 坊本。

漢鄭玄撰。

鄭氏六藝論一卷 拜經堂刊本。

漢鄭康成撰。國朝臧琳録。

鄭志三卷，補遺一卷 聚珍板本。又汗筠齋刊本，有《附録》一卷。又粤雅堂刊本。

魏鄭小同撰。

經典釋文三十卷 通志堂刊本。又一部。

唐陸德明撰。

七經小傳三卷 通志堂刊本。

宋劉敞撰。

程氏經説七卷 寶誥堂刊本，八卷。

不著編輯者名氏，皆伊川程子説經之語。

六經圖六卷 刊本。

宋楊甲撰，毛邦翰補。

六經圖大本六卷

宋陳森乾道元年彙刊於撫州，明萬曆丙辰郭若維更考定刊之。

刊正九經三傳沿革例一卷 粵雅堂刊本。

宋岳珂撰。

四如講稿六卷 明刊本。

宋黄仲元撰。

方舟經説六卷 别下齋刊本。

宋李石撰。

六經奥論六卷 通志堂刊本。

舊本題「宋鄭樵撰」。

五經説七卷 通志堂刊本。

元熊朋來撰〔三〕。

十一經問對五卷 通志堂刊本。

元何異孫撰。

五經蠡測六卷 通志堂刊本。

明蔣悌生撰。

簡端録十二卷 明崇禎辛未刊本。附《學史》十三卷，《左觿》一卷，《書説》一卷，《容春堂雜鈔》一卷。

明邵寶撰。

辨疑録三卷 成化十六年刊本。

明周洪謨撰。《存目》題云「《羣經辨疑録》」。

五經異文十一卷《歸雲别集》刊本。

明陳士元撰。

七經孟子考文補遺一百九十九卷 儀徵阮氏刊本。

舊本題「西條掌書記山井鼎撰，東都講官物觀補遺」，蓋日本書也。

九經誤字一卷《亭林十書》刊本。

國朝顧炎武撰。

經問十八卷，經問補二卷 《西河全書》刊本。

國朝毛奇齡説經之語，其門人録之成編。所補三卷，又其子遠宗所録也。

朱子五經語類八十卷 雍正乙巳刊本。僅《易》四十卷，缺後半。

國朝程川撰。

九經辨字瀆蒙十二卷 依閣本鈔。

國朝沈炳震撰。

詩書古訓六卷 粤雅堂重刊本。

國朝阮元撰。

經義雜記三十卷拜經堂刊本。

國朝臧琳撰。

經義述聞二十二卷咸豐中揚州重刊本。

國朝王引之撰。

拜經日記十二卷拜經堂刊本。

國朝臧鏞堂撰。

十三經音略十二卷粤雅堂刊本。

國朝周春撰。

穆齋經詁四卷 道光丙申刊本。

國朝四明任均子平撰。

附録

經説十六卷 舊鈔本。汪士鐘藏。

不著撰人。首尾皆無序，惟十四卷《服考》，華天沐著，有蔡德晉題跋。方望溪《儀禮喪服或問》，有秦蕙田題跋。

十七史經説十二卷 鈔本。

國朝昭文張金吾編輯。

右五經總義類。

經部八

四書類

孟子正義十四卷 汲古閣刊本。

漢趙岐註。

孟子趙註十四卷

微波榭刊本。

論語正義二十卷 汲古閣刊本。

魏何晏等註，宋邢昺疏。

孟子音義二卷 通志堂刊本。又微波榭刊本。

宋孫奭撰。

大學章句一卷，論語集註十卷，孟子集註七卷，中庸章句一卷 明司禮監刊本。《四書集註》二十六卷附《大中或問》二卷。又二部，無《或問》，俱字大豁目。又同治二年芋栗園刊《便蒙》本。

宋朱子撰。

論語意原二卷 聚珍板本。

宋鄭汝諧撰。

癸巳論語解十卷 通志堂刊本。

宋張栻撰。

癸巳孟子説七卷 通志堂刊本。

宋張栻撰。

四書集編二十六卷 通志堂刊本。

宋真德秀撰。

孟子集疏十四卷 通志堂刊本。

宋蔡模撰。

論語集説十卷通志堂刊本。

宋蔡節撰。

四書纂疏二十六卷通志堂刊本。

宋趙順孫撰。

四書辨疑十五卷通志堂刊本。

元陳天祥撰。

讀四書叢説四卷鈔本。

元許謙撰。

四書通二十六卷 通志堂刊本。

元胡炳文撰。

四書通證六卷 通志堂刊本。

元張存中撰。

四書纂箋二十八卷 通志堂刊本。

元詹道傳撰。

四書通旨六卷 通志堂刊本。

元朱公遷撰。

大學中庸集説啓蒙二卷 通志堂刊本。又一部。

元景星撰。

論語類考二十卷 《歸雲别集》刊本。

明陳士元撰。

孟子雜記四卷 《歸雲别集》刊本。

明陳士元撰。

經筵進講四書十册 康熙十一年刊本。

明張居正撰。

論語商二卷 明刊本。

明周宗建撰。

四書留書六卷 鈔本。

明章世純撰。

四書稗疏一卷，考異一卷，讀大全説十卷 湘鄉刊本。

國朝王夫之撰。

大學古本説一卷，中庸章段一卷，中庸餘論一卷，讀論語劄記二卷，讀孟子劄記二卷 《安溪全書》刊本。

國朝李光地撰。

論語稽求篇四卷《西河全集》刊本。

國朝毛奇齡撰。

四書賸言四卷，補二卷《西河全集》刊本。

國朝毛奇齡撰。雜論四書之語。前四卷，其門人盛唐，王錫所編。《補》二卷，其子遠宗所編。

四書改錯二十卷 嘉慶辛未學圃刊本。

毛奇齡之門人會稡其説《四書》諸種編之。

大學證文四卷《西河全書》刊本。《西河書》中又有《四書索解》四卷，《大學知本圖説》一卷，《大學問》一卷，《逸講箋》三卷，附陸邦烈《聖門釋非録》五卷。《四庫》并存目。

國朝毛奇齡撰。

四書逸箋六卷　粵雅堂刊本。

國朝程大中撰。

讀孟質疑三卷　刊本。

國朝崇明施彦吾撰。

論語新註四卷

日本豐幹子卿撰。《自序》署「天明戊申」，當乾隆五十三年。刊本，頗佳。

右四書類。

經部九

樂類

樂書要録殘本三卷 原十卷，今存五、六、七三卷於日本。嘉慶己未，其國天瀑山人活字印入《佚存叢書》。

唐武后時官書。

皇祐新樂圖記三卷 舊鈔本，傳摹影宋。

宋阮逸、胡瑗奉敕撰。

樂書二百卷 鈔本。又續得宋刊本，初印，精善，筆勢飛動如生，中有「蘇州袁氏珍藏」、「建安楊氏傳家圖書」二印。

宋陳暘撰。暘論《樂》而不深，通算學，故引據時有謬誤之處。然不能不謂之浩博也。

琴譜六卷〔四〕依閣本鈔。又粤雅堂刊本。

元熊朋來撰。

韶舞九成樂補一卷依閣本鈔。

元余載撰。

苑洛志樂二十卷明刊本。

明韓邦奇撰。

鐘律通考六卷鈔本。缺後半。

明倪復撰。

樂律全書四十二卷 明刊。巨册。

明朱載堉撰。書凡十種。

御定律吕正義五卷 内府刊本。

康熙五十二年，聖祖仁皇帝御纂《律曆淵源》之第三部也。

欽定詩經樂譜全書三十卷 聚珍板本。又一部。

乾隆五十三年奉敕撰。

古樂經傳五卷 《安溪全書》刊本。

國朝李光地撰。

聖諭樂本解説二卷《西河全書》刊本。

國朝毛奇齡撰。

皇言定聲録八卷《西河全書》刊本。

國朝毛奇齡撰。

竟山樂録四卷《西河全書》刊本。

國朝毛奇齡撰。

李氏學樂録二卷附《西河集》刊本。

國朝李塨撰。

樂縣考二卷 粤雅堂刊本。

國朝江藩撰。

燕樂考原六卷 粤雅堂刊本。

國朝凌廷堪撰。

右樂類

經部十

小學類

爾雅註上中下三卷 元刊本。卷首《序》後有木記。《序》録刻書原委，末署「大德己亥平水曹氏進德齋謹誌」。常熟瞿氏橘瑞堂經藏。

晉郭璞註。

爾雅註疏十一卷 汲古閣刊本。又一部。

晉郭璞註，宋邢昺疏。

爾雅郭注三卷

國朝顧廣圻校刊本。初印，精善。又臧鏞堂依雪窗書院刊本，亦善。

爾雅新義二十卷 粵雅堂刊本。

宋陸佃撰。

爾雅註三卷 《津逮秘書》刊本。

宋鄭樵撰。

爾雅古義二卷，小爾雅義證十三卷 求是堂刊本。

國朝胡承珙撰。

方言十三卷 聚珍板本。又明吴琯刊《古今逸史》本。又《漢魏叢書》刊本。

舊本題「漢楊雄撰」。

方言疏證十三卷《戴氏遺書》刊本。

國朝戴震撰。

釋名八卷《古今逸史》刊本。又《漢魏叢書》刊本。

漢劉熙撰。

釋名疏證八卷，補遺一卷 經訓堂刊本。

國朝畢沅撰。

廣雅十卷 《古今逸史》刊本。又《漢魏叢書》刊本。題「博雅」。

魏張揖撰。

羣經音辨七卷 粵雅堂刊本。

宋賈昌朝撰。

爾雅翼三十二卷 坊本。

宋羅願撰。

右小學類訓詁之屬

急就篇四卷 附《玉海》刊本。又《津逮秘書》刊本。

漢史游撰。

說文解字三十卷 宋刊本。即汲古閣本之所自出。惟《表》、《牒》在卷首，毛刻則移在卷後耳。字大半寸有餘，端莊流麗，是爲北宋板最古之本，真無上上品也。又汲古閣仿宋刊本，陸鼎諸人校其半，眉端評釋幾滿，考證甚爲詳核。第四卷末有鼎自跋。又近人翻毛刻二部。又平津館仿宋小字本。

漢許慎撰，宋徐鉉等補註補音併增加新附字。汲古本校者三人，硃筆惠松崖，墨筆錢竹汀，藍筆則陸氏自校也。

說文繫傳四十卷 卷首署「說文解字通釋」，舊鈔本。每頁紙心有「虞山錢遵王述古堂藏書」十字。《四庫》引錢曾《讀書敏求記》，詫爲驚人秘笈者，蓋即此也。閱今又二百年，而完好如故，豈非有神靈默爲呵護歟？又道光十九年祁氏校刊本，附《校勘記》三卷。田耕堂、宜稼堂均藏。

南唐徐鍇撰。其音切則朱翶作也。

說文解字篆韻譜五卷 舊鈔本。汲古閣毛晉、毛扆父子及橘瑞樓、黄一經等均有收藏圖書。又《函海》刊本。

南唐徐鍇撰。

說文解字篆韻譜十卷 舊鈔本。與《函海》及前鈔本均有異同，而此本義例較精。陸翔麟、方東來均藏。有「中國之舊」及「朱卧菴收藏」等印，當即吾友馮敬亭宫允所藏本，詑爲天下鴻寶者。然馮藏又云未失，豈世間尚有二本歟？不可解也。又馮氏桂芬縮刻本末卷有《跋》，述此書原委甚詳。

南唐徐鍇撰。常熟陸琪手摹。自署「康熙丙申陸琪暉山氏摹于太和邨舍」。

干禄字書一卷 翻刻宋寶祐刊本。

唐顏元孫撰。

五經文字三卷 微波榭刊本。附《五經文字疑》一卷。又嘉慶乙亥孫侶重校本，頗易其次第。

唐張參撰。

九經字樣一卷 微波榭刊本。附《九經字樣疑》一卷。又孫侶校刊本。

唐唐元度撰。

汗簡三卷，目録叙略一卷 康熙癸未汪立名刊本。

宋郭忠恕撰。

佩觿三卷 舊寫本。秀水卜氏及朱氏潛采堂舊藏。澤存堂本當據此。又澤存堂刊本。又近人仿宋刊本。

宋郭忠恕撰。

歷代鐘鼎彝器款識法帖二十卷 嘉慶二年阮氏刊本，二部，其一印佳。

宋薛尚功撰。

漢隸字源六卷 汲古閣刊本。

宋婁機撰。

班馬字類五卷 馬氏玲瓏山館仿宋淳熙本。又二部。

宋婁機撰。

六書故三十三卷 乾隆四十九年李鼎元刊本。

宋戴侗撰。

龍龕手鑑四卷《函海》刊本。又《江氏叢書》刊本。

遼僧行均撰。

五音類聚四聲篇十五卷 明萬曆中刊本。少四、五、六三卷。

金韓道昭撰。《四庫存目》題作「四聲篇，韓孝彦撰」。

字鑑五卷 澤存堂張氏刊本。

元李文仲撰。

石鼓文音釋三卷，附録一卷《函海》刊本。《存目》作三卷。

明楊慎撰。

經子難字二卷 舊鈔本。

明楊慎撰。入《存目》。

奇字韻五卷 《函海》刊本。

明楊慎撰。

古音駢字一卷，續編五卷 《函海》刊本，題「古音駢字五卷」。

《古音駢字》，明楊慎撰；《續編》則國朝莊履豐、莊鼎鉉同撰。

古俗字略七卷 《歸雲别集》刊本。

明陳士元撰。入《存目》。

六書正義十二卷 刊本。萬曆乙巳自序。

明吴元滿撰。入《存目》。

俗書刊誤十二卷 依閣本鈔。

明焦竑撰。

説文長箋一百四十卷〔五〕萬曆丙午刊。缺二十、二十一兩卷。

明趙宧光撰〔六〕。入《存目》。

六書長箋七卷 刊本。

明趙宧光撰。入《存目》。

御定康熙字典四十二卷 内府初印本。又江南刊本。

康熙五十五年大學士張玉書等奉敕撰。

六書通十卷 刊本。

國朝畢宏述撰。入《存目》。又題「閔齊伋」。

篆隸考異二卷 刊本。

國朝周靖撰。

説文廣義三卷 湘鄉刊《船山遺書》本。

國朝王夫之撰。

説文偏旁考□□卷〔七〕乾隆丙午刊本。

國朝南城吴照撰。

説文聲系十四卷粤雅堂刊本。

國朝姚文田撰。

經典文字辨證書五卷附《音同義異辨》一卷、《説文舊音》一卷。經訓堂刊本。

國朝畢沅撰。

經籍籑詁一百六卷，補遺一百六卷文選樓刊本。嘉慶十七年進呈。

國朝阮元撰。

仿唐寫本説文木部一卷，附箋異一卷 同治二年刊本。

國朝莫友芝撰。

附録

説文解字斠詮十四卷 刊本。顧澗薲校勘，朱墨爛然。

國朝錢坫學。是書謬誤特甚。以澗薲校勘有依據，姑存。

右小學類字書之屬。

切韻指掌圖二卷，附檢例一卷 依閣本鈔。

宋司馬光撰。

禮部韻略五卷 曹楝亭依宋刻刊本。

宋丁度撰。

九經補韻一卷 舊鈔本。又《古今逸史》本。又粤雅堂刊錢侗《考證》本。

宋楊伯嵒撰。

五音集韻十五卷 明萬曆中刊本。

金韓道昭撰。

元新修禮部韻略五卷 元刊。初印。卷末署「大德丙午平水中和軒王宅印」。

元王文郁精校添注。正大六年序。此書世鮮傳本，亦元板中之無上秘笈矣。有「史鐵崖珍藏」、「安樂堂藏書記」二印。

古今韻會舉要三十卷 元刊本。板頗模糊，有硃筆校勘，添補完備，甚費苦心，不知何人，當俎豆之。

元熊忠撰。

洪武正韻十六卷 明司禮監刊本。

明洪武中翰林侍講學士樂韶鳳等奉敕撰。

古音叢目五卷，古音獵要五卷，古音餘五卷，附録一卷 《函海》刊本。下二種題「《古音附録》五卷，《古音餘》一卷」。

古音略例一卷 《函海》刊本。

明楊慎撰。

轉注古音略五卷《函海》刊本。附《五音後注》一卷。

明楊慎撰。

泰律篇十二卷嘉慶庚午，汪潤之督滇學，始刊此本。

明苑馬卿河西葛中選見堯撰。論字母音呼之學。

音韻正譌四卷

明末孫耀撰。

詩韻集略五卷王士禛舊藏。

明人編刊。

屈宋古音義三卷

明陳第撰。

欽定同文韻統六卷 官刊本。

乾隆十五年，莊親王允祿等奉敕撰。

音論三卷 顧氏刊本。

國朝顧炎武撰。

詩本音十卷 顧氏刊本。

易音三卷 顧氏刊本。

國朝顧炎武撰。

唐韻正二十卷顧氏刊本。

國朝顧炎武撰。

古音表二卷顧氏刊本。

國朝顧炎武撰。

韻補正一卷《亭林十書》刊本。

國朝顧炎武撰。

易韻四卷《西河全集》刊本。

國朝毛奇齡撰。

五方元音二卷 坊本。

國朝樊騰鳳撰，年希堯增。入《存目》。

音韻清濁鑑四卷 康熙六十年刊本。《存目》作三卷。

國朝王祚楨撰。

古韻通八卷 鈔本。

國朝柴紹炳撰。入《存目》。

古今韻略五卷 刊本。

國朝邵長蘅撰。

古韻標準四卷 粵雅堂刊本。

國朝江永撰。

四聲切韻表一卷 刊本。又粵雅堂刊本。

國朝江永撰。入《存目》。

聲韻考四卷，聲類表十卷 《戴氏遺書》刊本。又經韻樓刊本《聲韻考》四卷。

國朝戴震撰。

聲類四卷 刊本。

國朝錢大昕撰。

漢魏音四卷 刊本。

國朝洪亮吉撰。

右小學類韻書之屬。

附録

六藝綱目二卷 道光末劉燕庭仿元刊本。

元舒天民撰。

【校勘記】

〔一〕查《清史稿·藝文志拾遺》,《周易衷翼集解》爲「二十卷」。

〔二〕查《清史稿·藝文志·春秋類通義之屬》所載,《春秋七國統表》六卷。

〔三〕來:原作「宋」,誤。據《郘亭知見傳本書目·經部七》和《四庫全書總目》卷三三校改。

〔四〕琴：原作「瑟」，《持静齋藏書記要》卷下《鈔本》云：「《琴譜》六卷，元熊朋來撰。依閣鈔本。」據改。

〔五〕説文長箋一百四十卷：按，下文注「入《存目》」，檢《四庫全書總目》經部小學類存目作「説文長箋一百四卷」，而《中國古籍善本書目》著録明崇禎四年刻本爲一百卷。

〔六〕趙宧光：原作「趙宦光」，據《持静齋藏書記要》改。

〔七〕查《清史稿·藝文志·小學類字書之屬》所載是書爲「二卷」。

持静齋書目卷二

史部一

正史類

史記一百三十卷 宋刻蜀大字本。曾藏黄氏士禮居，即顧廣圻《百宋一廛賦》所云「字大悦目」者，惜卷數僅及半而弱，歷藏吴寬、文徵明、錢維城、韓世能、當湖胡氏、泰峰郁氏諸家。又明刊本。又柯刊本，初印。又江寧書局覆刻汲古閣本，宣紙初印。

漢司馬遷撰。凡一百三十篇，闕其十篇，褚少孫補之。

史記集解一百三十卷 汲古閣刊本。

宋裴駰撰。

史記索隱三十卷　合《集解》共一百三十卷。元刊本。季振宜、山曉閣均藏。上端考證詳明，自首至末均圈點，完善。

唐司馬貞撰。

史記正義一百三十卷　合三家《注》。有武英殿乾隆四年刊本。又明嘉靖四年王延喆覆刊宋本，字、墨、紙幾與宋本無二。又明陳仁錫刊本。又萬曆二年余有丁南監刊本，二部。又粤東陳氏覆刻殿本，共二部。又江寧書局覆刻汲古閣本，宣紙初印。

唐張守節撰。監本、坊本脱誤不可枚舉。毛子晉云：「延喆本實此書功臣。」信然。

漢書一百二十卷　武英殿刊本。又宋景祐本，爲北宋刻最前之本，惟絳雲樓有之，後歸塞外，見宋牧仲《筠廊偶筆》。首二卷，尚是曹溶鈔補，其目則黄丕烈手鈔也。中與他卷殊者，李兆洛擬爲《校勘記》而未果，見卷首申耆自跋。歷藏陳繼儒、曹溶、張蓉鏡、黄丕烈、郁松年諸家。又明南監本，二部。又汲古閣刊本。又粤東陳氏覆刻殿本，共二部。又江寧書局覆刻汲古閣本，宣紙初印。

漢班固撰。《史》、《漢》經後世翻刻，愈訂愈訛。宋景文參校者，顧氏已譏爲有失無得，何況餘子。此景祐本尚未經後人淆亂，足證明監本之誤者甚多，宜申耆欲校勘而廣傳之也。

漢書音義三卷 臧鏞堂輯録，刊於拜經堂。

隋蕭該撰。

漢書藝文志考證十卷 附《玉海》刊本。

宋王應麟撰。入《存目》。

漢書地理志稽疑□□卷〔一〕 粵雅堂刊本。

國朝全祖望撰。

漢書地理志考證□□卷 刊本。

國朝錢坫撰。抄襲杜撰，皆所不免。

班馬異同三十五卷 坊本。

宋倪思撰，劉辰翁評點。

後漢書一百二十卷 武英殿刊本。又明吴勉學刊初印本。又明南監刊本，二部。又汲古閣刊本。又粤東陳氏覆刻殿本，共二部。又江寧書局覆刻汲古閣本，宣紙初印。

《後漢書·本紀》十卷，《列傳》八十卷，宋范曄撰，唐章懷太子註；《志》三十卷，則晉司馬彪《續漢書》之文，梁劉昭註之。

兩漢刊誤補遺十卷 聚珍板本。

宋吴仁傑撰。

後漢書補注二十四卷 嘉慶甲子刊本。

國朝惠棟撰。

後漢書補表八卷 粵雅堂刊本。

國朝錢大昕撰。

三國志六十五卷 武英殿刊本。又宋刻本，與監本及毛刻異者頗多，足以校勘後人之失。田耕堂、宜稼堂均藏。又明南監刊本。又汲古閣刊本。又粵東陳氏覆刻殿本，共二部。

晉陳壽撰，宋裴松之註。宋刻本於慎、桓、敬、構等字皆不缺筆，恐屬僞託。然字畫古健有神，當亦元初佳本也。

三國志辨誤三卷 聚珍板本。又《漢魏叢書》刊本。

不著撰人名氏。

三國志補註六卷，附諸史然疑一卷 刊本。

國朝杭世駿撰。

三國疆域志二卷 刊本。

國朝洪亮吉撰。

晉書一百三十卷 武英殿刊本。又明南監刊本。又汲古閣刊本。又粤東陳氏覆刻殿本，共二部。

唐房喬等撰。

晉書地理志補正五卷，附晉太康地道記一卷，王隱晉書地道記一卷 經訓堂刊本。

國朝畢沅撰。

東晉疆域志四卷 刊本。

國朝洪亮吉撰。

宋書一百卷 武英殿刊本。又明南監刊本。又汲古閣刊本。又粵東陳氏覆刻殿本，共二部。

梁沈約撰。

南齊書五十九卷 武英殿刊本。又明南監刊本。又汲古閣刊本。又粵東陳氏覆刻殿本，共二部。

梁蕭子顯撰。

梁書五十六卷 武英殿刊本。又明南監刊本。又汲古閣刊本。又粵東陳氏覆刻殿本，共二部。

唐姚思廉撰。

陳書三十六卷 武英殿刊本。又明南監刊本。又汲古閣刊本。又粤東陳氏覆刻殿本，共二部。

唐姚思廉撰。

魏書一百十四卷 武英殿刊本。又明南監刊本。又汲古閣刊本。又粤東陳氏覆刻殿本，共二部。

北齊魏收撰。

北齊書五十卷 武英殿刊本。又明南監刊本。又汲古閣刊本。又粤東陳氏覆刻殿本，共二部。

唐李百藥撰。

周書五十卷 武英殿刊本。又明南監刊本。又汲古閣刊本。又粵東陳氏覆刻殿本，共二部。

唐令狐德棻等撰。

隋書八十五卷 武英殿刊本。又明南監刊本。又汲古閣刊本。又粵東陳氏覆刻殿本，共二部。

唐魏徵等撰。

南史八十卷 武英殿刊本。又明南監刊本。又汲古閣刊本。又粵東陳氏覆刻殿本，共二部。

唐李延壽撰。

北史一百卷 武英殿刊本。又明南監刊本。又汲古閣刊本。又粵東陳氏覆刻殿本，共二部。

唐李延壽撰。

舊唐書二百卷 武英殿刊本。又粵東陳氏覆刻殿本，共二部。

晉劉昫等撰。

新唐書二百二十五卷 武英殿刊本。又明南監刊本。又汲古閣刊本。又粵東陳氏覆刻殿本，共二部。

宋歐陽修、宋祁同撰。《本紀》、《表》、《志》，修所定；《列傳》，祁所定也。

新舊唐書互證二十卷 刊本。

國朝趙紹祖撰。

舊五代史一百五十卷，目録二卷

武英殿刊本。又掃葉山房刊本。又粤東陳氏覆刻殿本，共二部。

宋薛居正等撰。

新五代史七十五卷

武英殿刊本。又宋末元初刊本，半頁十行，行十八字，略如王本《史記》之式。有「我齋」、「桐花別館」、「朱氏子清」等印。又汲古閣刊本。又書業堂覆刊毛本。又粤東陳氏覆刻殿本，共二部。

宋歐陽修撰。

五代史記纂誤三卷

聚珍板本。又依閣鈔本。

宋吴縝撰。

五代史記注七十四卷 刊本。

國朝彭元瑞輯，劉鳳誥排次。

宋史四百九十六卷 武英殿刊本。又明南監刊本。又粵東陳氏覆刻殿本，共二部。

元托克托等撰。

遼史一百十六卷 武英殿刊本。又明南監刊本。又粵東陳氏覆刻殿本，共二部。

元托克托等撰。

金史一百三十五卷 武英殿刊本。又明南監刊本。又粵東陳氏覆刻殿本，共二部。

元托克托等撰。

元史二百十卷 武英殿刊本。又明南監刊本。又粤東陳氏覆刻殿本，共二部。

明宋濂等撰。

元史本證五十卷 嘉慶壬戌刊本。

國朝汪輝祖撰。

宋遼金元四史閏朔考 粤雅堂刊本。

國朝錢大昕撰。

明史三百三十二卷，目録四卷 武英殿刊本。又坊本。又王鴻緒等初撰《明史稿》三百十卷。

國朝保和殿大學士張廷玉等奉敕撰。

廿二史考異一百卷，三史拾遺五卷，諸史拾遺五卷，補元史氏族表三卷，藝文志四卷 刊本。

國朝錢大昕撰。

右正史類

史部二

編年類

竹書紀年二卷 明吴琯刊《古今逸史》本。又《漢魏叢書》刊本。又平津館刊本。

是書稱魏之《史記》，由汲郡人發冢而得。

竹書統箋十二卷《位山六種》刊本。

國朝徐文靖撰。

後漢紀三十卷康熙丙子成德刊本。

晉袁宏撰。

元經十卷《漢魏叢書》刊本。

舊本題「隋王通撰」。

大唐創業起居注三卷《津逮秘書》刊本。

唐温大雅撰。

資治通鑑目録三十卷　宋刊本。綵紙四端絶寬，字體渾穆，古香古色，流溢簡外。陳氏所刻多訛脱，幸賴此本爲暗室燈耳。汪士鐘、郁松年均藏。

宋司馬光撰。　此宋本，即江蘇書局據以覆刊者，今以附胡刻《通鑑》之首。

資治通鑑二百九十四卷　果泉胡氏刊本。

宋司馬光撰，元胡三省音註。

通鑑地理通釋十四卷　元刊附《玉海》本，絶佳。又《津逮秘書》刊本。又附《玉海》通行本。

宋王應麟撰。

資治通鑑釋文辨誤十二卷　胡刻。

元胡三省撰。

通鑑註辨正三卷 刊本。

國朝錢大昕撰。

通鑑註商十八卷 刊本。

國朝趙紹祖撰。

通鑑外紀十卷，目録五卷 嘉慶辛未，吴志忠刊本。

宋劉恕撰。

皇王大紀八十卷 明人依萬曆辛亥閩刊鈔本。卷首有「何元錫」及「秀野草堂顧氏藏書」印。

宋胡宏撰。卷末有《跋》，署「咸淳甲戌重九日後學天台董楷謹識」，蓋閩刻亦從宋槧出也。

宋十朝綱要二十五卷 舊鈔本。陳氏《九朝編年》已取材于此書，則當日盛行可知也。

宋眉山李𡌴編。始太祖建隆元年，終高宗紹興三十二年，按年紀事。

續資治通鑑長編五百二十卷 嘉慶己卯昭文張氏活字印本。又舊鈔一百八卷本，甚精善，足校張刊之誤。卷首有「宋犖」、「李氏芸薌鑒藏」諸印。

宋李燾撰。舊鈔者，始六祖建隆元年，終英宗治平四年閏三月，即乾道四年燾爲禮部郎官時第二次所上也。其後神宗朝二百二十八卷、哲宗朝二百二十卷、徽宗朝三百二十三卷，此本皆無。未知天壤間尚有似此佳本，可以補抄，使成全璧否？張刻謬誤陳陳，所謂刻一書而其書轉亡者也。

通鑑綱目五十九卷 宋本，乾道壬辰四月刊。緜紙薄如蟬翼，墨光亦復奪目。如此巨册，藏經六七百年豪無損污，真天壤鴻寶也。半頁八行，行十七字。季振宜、郁松年均藏。

宋朱子撰。卷首有題識云：「史書多新刊，惟《綱目》艱得善本，苦於書法發明之雜也。孫文貴持此售我，喜識歲月。弘治改元七月。」

綱目續麟二十卷，校正凡例一卷，附録一卷，彙覽三卷 刊本。

明張自勳撰。

通鑑綱目釋地糾謬六卷，補註六卷 刊本。

國朝張庚撰。入《存目》。

九朝編年備要三十卷 宋刊本，絶精。又舊鈔本，江陰李兆洛以宋本校過。

宋陳均撰。始太祖，終欽宗。李燾《長編》所長在詳，此則所長在略。

續宋編年資治通鑑十五卷 元刊本。卷端有「陳氏餘慶堂刊」并書坊題識，繫年有考據等語。無書末《坿論》一條，蓋爲後人所删也。首尾有「沈廷芳」、「椒園」、「光輪」、「郭東莊生」、「鮑芳谷」、「池北書庫收藏」、「黄琴六讀書記」、「愛日精廬藏書」諸印。

宋劉時舉撰。

西漢年紀三十卷 依閣鈔本。

宋王益之撰。

少微通鑑節要五十卷 明司禮監刊本，附《通鑑節要續編》三十卷。

宋姜贇編。入《存目》。

明穆宗隆慶實録七十卷 舊鈔本。

嘉隆兩朝聞見紀十二卷 刊本。

明沈越撰。入《存目》。

明大政記三十六卷 舊鈔本。卷首有「三十五峰園主人所藏」、「秋水園圖書」、「筠圃藏書」、「胡江之印」、「韓村古雅堂書籍之章」等印。

明雷禮撰。《四庫存目》僅二十五卷，此則三十六卷，與《明史・藝文志》所載合。

歷代通鑑纂要九十二卷 明正德己卯慎獨齋刊本。

明正德六年李東陽等表進。

通鑑箋註七十二卷

明王世貞會纂，鍾人傑箋刊。

通鑑直解二十八卷 明刊本。

明張居正撰。

綱鑑世類編四十五卷，明十二朝聖紀十三卷 坊本。

明李槃撰。

國榷二十卷 舊鈔本。《明史》載此書一百卷，此失其後大半。

明談遷撰。

御定通鑑綱目三編四十卷 坊刻二十卷本，二部。

乾隆四十年奉敕撰。

東華録三十二卷 刊本。

國朝蔣良騏撰。

歷代傳國世次一册 璜川吴氏探梅山房鈔本，於正統外，僭僞、外國俱入編。

未詳撰人。

右編年類。

史部三

紀事本末類

春秋左氏傳事類始末五卷 通志堂刊本。

宋章沖撰。

通鑑紀事本末補四册 舊鈔本。始魏大三晉，終鄧后臨朝，凡廿九事，與袁書異同頗多，惟自後漢中葉以下皆缺，爲可惜耳。海寧陳鱣藏并校。卷首有陳鱣圖像，像上有一印，文云「得此書，費辛苦，後之人，應鑒我」十二字，亦可見古人藏書之苦心矣。

舊題「國子監學正王延年謹輯」。未詳其人。仲魚改結銜國子監學正爲翰林院侍讀，想當知其人與世也。

三朝北盟會編二百五十卷 舊鈔本。《四庫》本起政和七年，盡紹興三十一年，此則盡紹興三十二年四月，微有不同耳。

宋徐夢莘編。

綏寇紀略十二卷 照曠閣刊本，多《補遺》三卷。

國朝吴偉業撰。

通鑑本末紀要八十一卷 康熙甲子序刊本。

國朝蔡毓榮撰，林子卿註。

明史紀事本末八十卷 坊本。

國朝谷應泰撰。

繹史一百六十卷重刊本。

國朝馬驌撰。

平臺紀略十一卷附《東征集》六卷刊本。

國朝藍鼎元撰。

三藩紀事本末刊本。

國朝楊陸榮撰。《存目》。

右紀事本末類。

史部四

别史類

逸周書十卷 《古今逸史》刊本。又《漢魏叢書》刊本。

是書《隋志》誤稱「汲冢書」，今從郭璞《爾雅註》題曰「逸周書」。

王會解一卷 附《玉海》刊本。

宋王應麟撰。

東觀漢記二十四卷 聚珍板本。

是書於漢明帝時創修，至熹平中乃成書。《隋志》誤題「劉珍撰」。

古史考一卷 平津館刊本。

蜀漢譙周撰。國朝孫星衍鈔輯。

建康實録二十卷 舊鈔本。蓋據嘉祐三年宋刻本過鈔也。卷首有「郁泰峰己酉年所收書」印。

唐許嵩撰。《自序》云：「吴及南朝六代都建康，共三百三十一年。」然吴大帝在武昌七年，梁元帝都江陵三年，其實都建康不過三百二十一年耳。

古史六十卷 明萬曆三十九年南監刊本。

宋蘇轍撰。

通志二百卷 武英殿刊本。又明刊大字本。

宋鄭樵撰。

東都事略一百三十卷 宋眉山程氏刊初印本。薄縣紙，精好濶大，與《通鑑綱目》并史部甲乙。卷首有「眉山程舍人宅刊行」木記。偁亦眉山人，故鄉里先爲刊行也。丁巳春，曾文正公在楊州見此，詫爲人間未有之秘寶。薛紹彭、錢曾、陳鱣、郁松年經藏。

宋王偁撰。錢遵王《讀書敏求記》所稱錢牧齋屢求不獲者即此，迄今又二百年，而紙墨如新，手若未觸，殆造化默爲呵護，非偶然也。

路史四十七卷 刊本。

宋羅泌撰。

大金國志四十卷 刊本。

舊本題「宋宇文懋昭撰」。

蕭氏續後漢書四十七卷 宜稼堂郁氏刊本，附《札記》。

宋蕭常撰。

郝氏續後漢書九十卷 宜稼堂郁氏刊本，附《札記》四卷。

元郝經撰。

宋史新編二百卷 嘉靖中刊本。

明柯維騏撰。入《存目》。

李氏藏書六十八卷，續藏書二十七卷 刊本。

明李贄撰。《存目》斥爲無忌憚之尤，則其人其書可知矣。

函史上編八十一卷，下編二十一卷 刊本。

明鄧元錫撰。入《存目》。

季漢書五十六卷 刊本。

明謝陛撰。入《存目》。

列卿年表百三十九卷 刊本。

明雷禮撰。始洪武至隆慶。《存目》「傳記類」有禮《列卿記》百六十五卷，《年表》之後附以居官行實，蓋一書兩刻，題署各異。此則單《年表》，無《行實》之一刊也。

欽定歷代紀事年表一百卷 内府刊本。宣紙初印。又一部。

康熙五十一年内閣學士王之樞奉敕撰。

尚史一百七卷 刊本。

國朝李鍇撰。

蜀漢三國始末一册 舊鈔本。

國朝孫承澤撰。

歷代帝王年表十四卷 粤雅堂刊本。

國朝齊召南撰，阮福續。

右别史類。

史部五

雜史類

國語二十一卷 明周光鎬、郭子章同校刊本。又明刊評本，九卷。又嘉慶五年黃丕烈仿宋明道刊本，共三部，最善。又湖北書局翻刻黃本。

吴韋昭註。

國語補音三卷。 微波榭刊本。

唐人舊本，宋宋庠補輯。

戰國策註三十三卷 宋刊初印，汲古閣藏。黄氏本據此覆刊。僅二、三、四卷、六、七、八、九、十卷有《註》，餘皆《考異》。當即《提要》所云姚宏所校、賈似道門客廖瑩中所刊也。有「毛氏子晉」、「希世之珍」等印。

舊本題「漢高誘註」。此即錢遵王所稱首東周、次西周本也。紙質墨光，皆臻絶品。

鮑氏戰國策註十卷 嘉靖壬子吴郡杜詩刊本，字畫清朗，四端亦寬大，尚爲明板中之佳者。又黄丕烈仿刻宋姚宏校註本，最善。又湖北書局翻刻黄本。

宋鮑彪撰。

戰國策校註十卷 坊本。又明張文燿刊此本，而集評於上端，題曰「戰國策談棷」。

元吴師道撰。入《存目》。

國策地名考二十卷 粤雅堂刊本。

國朝程恩澤撰。

渚宫舊事五卷，補遺一卷 平津館刊本。

唐余知古撰。

奉天録四卷 粤雅堂刊本。

唐趙元一撰。紀朱泚作亂事，起建中，至興元克復，叙述頗詳。

建炎筆録一卷，辨誣筆録一卷 舊抄本，有「夢花館藏書」印。

宋趙鼎撰。又《函海》刊二《録》，附《家訓筆録》一卷。

清溪弄兵録一卷《函海》刊本。

宋王彌大撰。入《存目》。

北行日録八卷舊鈔本。陳鱣藏并校。

以宋蔡絛《北狩行録》一卷，無名氏《竊憤録》一卷，《續竊憤録》一卷合編之者，明汪梅也。《四庫》分存其目。

建炎復辟記一卷鈔本。嘉慶甲戌吴翌鳳以汲古閣舊本校過。卷首有「吴枚庵」、「顧湘舟收藏」諸印。

宋人撰，失其名。入《存目》。

中興禦侮録二卷 粤雅堂刊本。

宋人撰，失其名。入《存目》。

襄陽守城録一卷 舊鈔本。又粤雅堂刊本。

宋趙萬年撰。入《存目》。

辛巳泣蘄録一卷 舊鈔本。

宋趙與衮撰。入《存目》。

松漠紀聞一卷，續一卷 顧氏《文房小説》刊本。

宋洪皓撰。

太平治迹統類二十四卷 藝海樓顧氏傳鈔閣本。自一卷「聖宋仙源積慶符瑞」起，至二十四卷「元祐黨事本末下」止，計闕六卷。

宋彭百川撰。此書與《唐大詔令》合裝爲一函。此闕後六卷，而《唐大詔令》則闕卷首至卷八十六，蓋書賈合兩殘書爲一，以欺售者耳。

咸淳遺事二卷 粵雅堂刊本。

不著撰人名氏。

焚椒録一卷 錢曾藏明人舊鈔本，有吴寬、錢謙益手跋。又有「樸學齋」、「葉樹廉」、「石君」、「虞山錢曾遵王藏書」等印。又《津逮秘書》刊本。

遼王鼎撰。入《存目》。

金國南遷録一卷 鈔本。

金張師顔撰。入《存目》。

錢塘遺事十卷 掃葉山房刊本。

元劉一清撰。

征緬録一卷 傳望樓刊本。

元人撰，失其名。

三朝聖諭録 舊鈔本，起永樂至洪熙，尚漏宣德一朝，皆士奇自述，恩遇居多。又有《立齋閒談》、《野紀》、《後鑒録》三本，皆一人手鈔，與此共爲一函。

明楊士奇編。入《存目》。

廷樞紀聞二十册，存十二册 明鈔本，始正統七年，至十四年，秀水陸維垣舊藏，稱其謹嚴有法，縷析條分，蓋當時實録。後爲顧沅所藏。

明于謙私編。

姜氏秘史 舊鈔本，四册。惠棟舊藏。卷末録有萬曆時人《跋》，尚稱「姜氏不知爲何人」。蓋其時革除事不敢盡言，猶諱之也。卷首有「馬翼贊」及「惠定宇手寫本」諸印。

明姜清撰。入《存目》。

革除遺事節本六卷 舊鈔本。

明黄佐撰。入《存目》。

建文朝野彙編二十卷 刊本。

明屠方叔撰。入《存目》。

立齋閒録一卷 舊鈔本。與《三朝聖諭》、《野紀》、《後鑒録》共編函。

明人撰，未詳姓名。紀太祖及成祖興師事。

野記三卷 舊鈔本。與《三朝聖諭》、《立齋閒録》、《後鑒録》共編一函。

明祝允明撰。《存目》四卷，入「小説」。

後鑒録三卷 舊鈔本。與《三朝聖諭》、《立齋閒録》、《野紀》共爲一函。

不著撰者姓名。紀劉瑾、宸濠事。

建文書法儗五卷 明刊本。

明朱鷺撰。入《存目》。

宣靖備史四卷 舊鈔本。嘉靖癸卯《自序》。

明陳霆聲伯撰。起崇寧元年，終靖康二年。

先撥志始二卷 刊本。

明文秉蓀撰。入《存目》。

明宫史五卷 舊鈔本。

明司禮監奉御劉若愚撰。自《酌中志》抽出五卷而易其名。《四庫》「政書類」之呂毖校本，蓋即校此編，故不題撰也。

酌中志餘一厚册 鈔本十種。中《夥壞封疆録》下署「昭陽魏應嘉」，《天啓宫詞》下署「虞山陳悰」，《擬故宫詞》下署「毘陵唐宇昭」，餘皆無名氏。不題撰人。首識云：「編《酌中志》既竣，篋中有昌、啓、禎三朝紀載，堪與兹志發明者。《東林朋黨録》、《東林點將録》等凡十種合編之，而題以《志餘》云。」

頌天臚筆二十四卷 崇禎己巳刊本。題「東吴野臣金日升輯」。紀崇禎時誅璫起廢諸事。

明朝小史十八卷 刊本。題「蘆城赤隱吕毖輯著」。始太祖，至福王止。《提要》「政書」載毖校《宫史》，題「蘆山赤隱」，蓋一人也。蘇州靈巖山前有小桃源，爲毖隱居處，其墓在焉。碑記其辟穀事及禱雨異徵，臨終書偈云：「一輪明月空中相，千片桃花影裏身。」殆明遺老隱於佛道者也。

花村談往二册 舊鈔本，共二十篇，其七篇已爲《説鈴》所刻者。亦彼略而此詳，大概吴越間遺民所著述也。

不著撰者姓名。入《存目》，即七篇略本。

武宗外紀一卷，後鑒録七卷 刊本。

國朝毛奇齡撰。入《存目》。

羣雄事略八卷 舊鈔本。

國朝錢謙益撰。紀明太祖開創削平、揭竿同起諸人事，猶其明時所作。

明季南略十八卷 刊本。

國朝計六奇撰。《自序》署康熙十四年。

五藩實録七卷 刊本。

《自序》署「乾隆己未南沙三餘氏」。

永曆實録二十五卷 湘鄉刊本。

國朝王夫之撰。

二申野録八卷 刊本。

國朝孫之騄撰。入《存目》。

右雜史類。

史部六

詔令奏議類

上諭内閣一百五十九卷 刊本。

莊親王允禄、和親王弘晝等先後奉敕校刻。

硃批諭旨三百六十卷 内府刊本。

雍正十年奉敕校刊。

唐大詔令一百三十卷 舊鈔本。所存者，七十二至八十六卷、九十九至一百三十卷而已。

舊與《太平治迹統類》合裝爲一。

宋宋敏求撰。

政府奏議二卷 歲寒堂刊《二范集》本。

宋范仲淹撰。

包孝肅奏議十卷 宋淳熙元年趙磻老廬州刊本。

宋包拯撰。

左史諫草一卷 閣本。顧沅藝海樓鈔。

宋呂午撰。

商文毅疏稿略一卷 閣本。顧沅藝海樓鈔。

明商輅撰。

關中奏議十卷 舊鈔本。題「關中奏題稿」。卷首有「俞彥直」、「石倉齋藏書」印。

明楊一清撰。

諫垣遺稿二卷 嘉靖癸巳刊本。

明湯禮撰。

周忠愍奏疏二卷 閣本。顧沅藝海樓鈔。

明周起元撰。

司馬奏疏三卷 刊本。卷首有「小汲古閣藏書」印。

明王家楨撰。

靳文襄治河奏疏八卷 刊本。

國朝靳輔撰。

張公奏議二十四卷 刊本。

國朝康熙時張鵬翮總督河道所上。

防河奏議十卷 刊本。

國朝雍正時嵇曾筠撰(二)。

河工奏摺一卷

國朝黎式序。嘉慶十九年上。

歷代名臣奏議三百五十卷 明張溥批點本，三百十九卷，略有删損。

明永樂十四年黄淮楊士奇等奉敕編。

荆川右編四十卷 刊本。

明唐順之編輯。入《存目》。

欽定明臣奏議二十卷 聚珍板本。

乾隆四十六年奉敕編。

右詔令奏議類。

史部七

傳記類

聖門志六卷《鹽邑志林》附刊本。

明呂元善撰。入《存目》。

孔子編年世紀二十四卷刊本。

國朝李灼、黄晟同撰。入《存目》。

仲里志六卷刊本。

東吴顧彩重修。記仲子祠墓、世族，泗水、濟寧并載。

右傳記類聖賢之屬。

晏子春秋八卷 經訓堂刊本，附孫星衍撰《音義》二卷。

舊題「晏嬰撰」。

魏鄭公諫録五卷 康熙時顧嗣立刊《閭邱辨囿》本。

唐王方慶撰。

李相國論事集六卷 藝海樓依閣鈔本。

唐蔣偕撰。

杜工部年譜一卷 道光壬午，山陰杜春生仿宋刊本，二卷。其上卷即此，下卷爲魯訔《譜》。

宋趙子櫟撰。

杜工部詩年譜一卷 杜春生仿宋刊本。

宋魯訔撰。

紹陶録二卷 舊鈔本。卷首有「顧沅」、「望雨樓」、「李氏珍藏」諸印。

宋王質撰。

金陀稡編二十八卷，續編三十卷 宋刊本。《文集》十卷俱全，爲是編最足之本。此書在元時已多散佚，今此宋本巋然復在，豈非天壤間至寳。又依宋刊鈔本。

宋岳珂撰。珂自跋云：「右二編，前刻於檇李，續刊于南徐，兹刻藏于廟塾。凡六百二十二板，字差小于舊。端平元年涂月敬跋」云云。是此本在當時已經三刻矣。卷首有「張培源」、「江氏亭復」、「老辛屋」、「章綬銜」、「解元趙無聲」諸印。

象臺首末五卷 閣本傳鈔。

宋胡知柔撰。

魏鄭公諫續録二卷 聚珍板本。

元翟思忠撰。

殷太師比干禄三卷 明天順二年刊本。

明曹安集比干墓碑碣題詠。

唐忠臣録三卷 明正統十三年刊本。

明鄭瑄編。編録張巡、許遠傳狀事實，附南霽雲、雷萬春及後人題詠。

懷賢録一册 明正統三年刊本。

明沈愚集宋劉過事實及宋人題贊。中間刊《龍洲詞》一卷。

楊文敏公年譜四卷 明嘉靖壬子刊本，藍印。

明徐文沔編楊榮事蹟。

杜東原年譜一卷 舊鈔本。

明沈周編其師杜□□事略〔三〕。

宋左丞相陸公全書八卷 刊本。

明末王應態編。載陸秀夫事蹟、遺文、贊詠，道光間陶性堅爲續編，合刊。

關帝聖蹟圖五卷 嘉慶二年刊本。

國朝盧湛輯。

朱子年譜四卷，考異四卷，附録二卷 粤雅堂刊本。

國朝王懋竑撰。

倪文正公年譜四卷 粤雅堂刊本。

國朝倪會鼎編。

陸清獻公沍嘉遺蹟二卷 同治六年刊本。

國朝王維玉於乾隆初記清獻知嘉定縣清蹟。

忠節録一卷 刊本。

國朝孫爾桂輯。録其高祖孫傅庭事迹。

郝太僕褒忠録六卷 乾隆間刊本。

記明郝景春守房縣死事、贈卹本末及題詠。

李氏三忠事迹考證 刊本。

道光間李慶來考其先世明李用楫、李耒、李廎事，編爲五卷。

米海嶽年譜一卷 粤雅堂刊本。

國朝翁方綱編。

元遺山年譜一卷，附一卷粵雅堂刊本。

國朝翁方綱編。

宋洪文惠、洪文敏、陸放翁、王伯厚、明王弇州五先生年譜各一卷刊本。

國朝錢大昕編。

閻潛邱先生年譜四卷，顧亭林先生年譜一卷粵雅堂刊本。

國朝張穆撰。

張楊園先生年譜一卷，附録一卷當歸草堂刊本。

國朝蘇惇元撰。

姜貞毅先生事録一册 刊本。

不題撰人。彙明姜埰事實及輓章、祭文。

王奉常年譜四卷 刊本。

道光丙戌，王寶仁編其七世祖時敏行蹟。

表忠崇義録 刊本。

道光二十二年，上海印經等録江南提督陳化成在吳淞口殉難記述、題詠。

雷塘盦主弟子記八卷 刊本。

記故大學士阮元事蹟，略如年譜。

右傳記類名人之屬。

漢末英雄記一卷《漢魏叢書》刊本。

魏王粲撰。入《存目》。

高士傳三卷《古今逸史》刊本。又《漢魏叢書》刊本。

晉皇甫謐撰。

卓異記一卷《顧氏文房小説》刊本。

舊本或題「唐李翱」，或題「唐陳翱」，或題「唐陳翰」。

春秋列國諸臣傳三十卷 通志堂刊本。

宋王當撰。

廉吏傳二卷 舊鈔本，甚精善。

宋費樞撰。

名臣言行録前集十卷，後集十四卷，續集八卷，别集二十六卷，外集十七卷 依明刊鈔本。又刊本。

《前集》、《後集》，宋朱子撰；《續集》、《别集》、《外集》，李幼武所補。

昭忠録一卷 粤雅堂刊本。

不著撰人名氏。

敬鄉録十四卷

元吴師道撰。

唐才子傳八卷 嘉慶癸亥日本印入《佚存叢書》本，十卷，猶是元人舊帙。

元辛文房撰。

元朝名臣事略十五卷 聚珍板本。

元蘇天爵撰。

草莽私乘一卷 舊鈔本。顧沅藏。

明陶宗儀編。入《存目》。

吴中人物志十二卷 明隆慶庚午刊本。

明張昶撰。入《存目》。

明郡牧廉平傳十卷 明刊本。

明王昌時輯。

吴乘竊筆一册 知不足齋鈔本。顧廣圻藏。是書文筆老健，而字亦古雅，可寶也。

記自宋至明萬曆間三十二人，未詳撰者，當是明末崑山人。

欽定勝朝殉節諸臣録十二卷 刊本。

乾隆四十一年奉敕撰。

欽定貳臣傳十二卷，逆臣傳四卷 刊本。

乾隆中奉敕撰。

國史滿漢名臣傳八十卷 巾箱刊本。

國初至乾隆中名臣。

國史滿漢列臣傳八十卷 精鈔本。

即續補前刊之遺，至嘉慶中止。

明儒學案六十二卷 康熙辛未刊本。

國朝黄宗羲撰。

顧氏譜系考一卷 《亭林十書》刊本。

國朝顧炎武撰。入《存目》。

勝朝彤史拾遺六卷 刊本。

國朝毛奇齡撰。入《存目》。

北學編三卷 刊本。

國朝魏一鼇輯。

蜀碧四卷 刊本。又一部。

國朝彭遵泗撰。入《存目》。

吴郡名賢圖傳贊二十卷 刊本。

國朝顧沅撰。

公車徵士小録一册 刊本。

録乾隆初徵薦應大科人履歷。人一紙，才百許紙，蓋非足本。

國朝漢學師承記八卷，附經義目録一卷 粵雅堂刊本。

國朝江藩撰。

國朝宋學淵源記二卷，附記一卷 粵雅堂刊本。

國朝江藩撰。

右傳記類總録之屬。

烏臺詩案一卷《函海》刊本。

宋朋九萬撰。入《存目》。

保孤記一卷舊鈔本，卷首有「謙牧堂藏書」印。

明李如一保護夏桂洲遺孤還家記事之文。

璽召録一卷，薊旋録一卷，禮白岳記一卷《六研齋雜著》刊本。

明李日華撰。入《存目》。

鑒勞録刊本。

明孫傳庭撰。入《存目》。

吴自湖鎮廣記劄一卷　舊鈔本。

明吴芳撰。紀嘉靖時總督兩廣辦賊諸事。又其後附録《史漢雜記》及王瓊所撰之《西番事蹟》及《榆鎮問答》，疑非全書。

孤兒籲天禄十六卷，附一卷　刊本。

楊山松爲其父楊嗣昌剿撫失宜辨雪，《附録》又爲其祖楊鶴辨謗。

使粤日記一卷　康熙二十年刊本。

國朝喬萊撰。入《存目》。

從西紀略一卷　刊本。

國朝范昭奎撰。記其康熙己亥從兵部尚書某出西塞安設臺站事。入《存目》。

采硫日記 粤雅堂刊本。

國朝郁永和撰。

附録

安禄山事蹟三卷 舊鈔本，卷首有「二樹」、「海寧陳鱣觀」、「馬氏收藏」諸印。

唐姚汝能撰。入《存目》。

右傳記類雜録之屬。

史部八

史鈔類

南朝史精語十卷　乾隆五十二年刊本。

宋洪邁撰。入《存目》。

漢雋十卷　明萬曆甲申刊本。

宋林越撰。入《存目》。

通鑑總類二十卷　宋元間刊本，或宋刊而元印亦未可定。卷首有「卧石居藏書」印。

宋沈樞編。

唐荆川左編一百二十四卷 明刊本。

明唐順之撰。入《存目》。

左國腴詞八卷，太史華句八卷，兩漢雋言十六卷 萬曆中刊本。

明凌迪知撰。入《存目》。其《雋言》，即林越書而迪知補葺者也。

右史鈔類。

史部九

載記類

吴越春秋十卷 《古今逸史》刊本。又《漢魏叢書》刊本。

漢趙煜撰。

越絶書十五卷《古今逸史》刊本。又《漢魏叢書》刊本。

漢袁康撰。

華陽國志十二卷，附録一卷《古今逸史》刊本。又《函海》刊本，足。又《漢魏叢書》刊本。

晉常璩撰。

鄴中記一卷聚珍板本。

晉陸翽撰。

別本十六國春秋十六卷《漢魏叢書》刊本。

舊本題「崔鴻撰」。

十六國疆域志十六卷 刊本。

國朝洪亮吉撰。

蠻書十卷 聚珍板本。

唐樊綽撰。

江南餘載二卷 《函海》刊本。

不著撰人名氏。

五國故事二卷 鈔本，卷末署「乾隆丁酉八月長洲金永齡鶴亭氏手鈔」。又《函海》刊本。

不著撰人名氏。據書中所述，蓋宋初人也。

蜀檮杌二卷《函海》刊本。

宋張唐英撰。

九國志十二卷書福樓鈔本。其《目》云係照葉東卿鈔本過録，全書則照孫淵如藏本過録也。又傳望樓刊本。又粤雅堂及守山閣刊本，均多《拾遺》一卷。

宋路振撰，張唐英補。儀徵阮氏得曲阜孔氏舊鈔殘帙，凡列傳百三十六篇，編爲十二卷進呈。

黑韃事略一卷依明茶夢道人姚咨鈔本過録。

宋彭大雅撰。

南唐書十八卷，音釋一卷汲古閣初印本。又嘉慶庚辰湯運泰註刊本。

宋陸游撰。

晉史乘一卷，楚史檮杌一卷

元吾衍鈔輯二國事，明吴琯刊入《古今逸史》，改此題。入《存目》。

滇載記一卷《函海》刊本。

明楊慎撰。入《存目》。

後梁春秋二卷舊鈔本。

明姚士粦撰。入《存目》。

附　録

越史略三卷閣本依鈔。

不著撰人名氏。

朝鮮史略六卷 舊鈔本。題「東國史略六卷」，每卷各分上、下。

不著撰人名氏。當係明代朝鮮人所作。

中山沿革志二卷 康熙二十三年刊本。

國朝汪楫撰。入《存目》。

右載記類。

史部十

時令類

御定月令輯要二十四卷，圖説一卷 内府刊本。

康熙五十四年李光地等奉敕撰。

古今類傳四時部四卷 刊本。

國朝董穀士、董炳文同編。入《存目》。

日月紀古十二卷 刊本。

國朝乾隆末蕭智漢編。

月令粹編二十四卷 刊本。

國朝嘉慶壬申秦嘉謨編。

右時令類。

史部十一

地理類

三輔黄圖六卷《古今逸史》刊本。又經訓堂刊本。又平津館刊本。又《漢魏叢書》刊本。

不著撰人名氏。

歷代宫殿名一卷舊鈔本、精善。虞山張蓉鏡舊藏。

宋李昉撰。《直齋書録》載之。

禁扁五卷坊本。

元王士點撰。

右地理類宫殿之屬。

元和郡縣志四十卷 聚珍板本。又舊鈔本，密行，式甚雅古。

唐李吉甫撰。舊本。當係元明間人所鈔，與近人鈔本多有異同，《目》亦少異，足資校證。

元豐九域志十卷 聚珍板本，二部。又依宋鈔本曹楝亭舊藏。又乾隆四十九年馮集梧刊本。

宋王存等奉敕撰。楝亭所藏依宋抄本，與馮刻稍異。

輿地廣記三十八卷 聚珍板本。又宋殘本，卷十八至三十八。季振宜、黄丕烈、汪士鐘舊藏。

宋歐陽忞撰。卷中有顧千里、黄蕘圃手跋，叙宋刻原委甚詳。古香古色，悦目醉心，惜乎殘闕太多也。每卷末俱刻有「淳祐庚戌郡守朱申重修」十字。

輿地紀勝二百卷 咸豐五年南海伍氏刊本。

宋王象之撰。

方輿勝覽七十卷　舊鈔本。又續得宋刊本，卷首載嘉熙己亥新安吕午《序》及祝穆《自序》。後有《四六》，如《秘笈新書》，誠操觚家所必需也。《廉右居書目》所稱「宋刻」當即此本。有「孫淵如星衍」、「孫忠愍侯祠堂藏書」諸印。

宋祝穆撰。

聖朝混一方輿勝覽上中下三卷　元刻本。體例略如祝氏書，略於形勢而詳于名勝，蓋供詩賦題咏之用也。有「常熟瞿氏藏書」印。

未詳撰者姓名。首尾《序》皆已不全，當係元中葉所刊。

明一統志九十卷　慎獨齋刊本。又一部。

明李賢等奉敕撰。

大清一統志五百卷 内府刊本，初印精善。又道光末常州活字印本。又蘭生刊單《表》十六卷。又常州刊單《圖》《表》十六卷。

乾隆二十九年奉敕撰。

天下郡國利病書一百二十卷 道光間成都刊本。

國朝顧炎武撰。入《存目》。

讀史方輿紀要一百三十卷 道光間成都刊本。

國朝顧祖禹撰。

乾隆府廳州縣志五十卷 刊本。

國朝洪亮吉撰。

皇朝輿地韻編二卷，圖一卷，歷代地理韻編今釋二十卷 道光十七年活字本。

國朝李兆洛撰。

皇朝輿地略重訂二卷 刊本。

同治二年馮焌光依李兆洛本增訂，刊於南海。

右地理類總志之屬。

吴郡圖經續記三卷 黄丕烈藏舊鈔善本，顧廣圻以《演繁露》易之，即此。

宋朱長文撰。卷後有硃筆題「雍正十二年夏五月既望，于崑山徐氏購得葉文莊所藏宋刻本，校勘一過」云云。未鈐「可潛」小印。再後有顧澗薲、黄蕘圃手跋。

乾道臨安志三卷 吴翌鳳藏舊鈔本。

宋周淙撰。卷後有吴枚菴手跋，云「借抄于抱經盧氏」，末署「乾隆己亥小春」。

吴郡志五十卷 毛晉據宋本覆刻，惠棟藏。

宋范大成撰。

溆水志八卷 依閣鈔本，卷首有「太原馬氏藏書」印。

宋常棠撰。

景定建康志五十卷 嘉慶四年費淳刊本，初印精善。

宋周應合撰。

玉峯志三卷，續志一卷 黄丕烈依祝允明寫本過鈔。此書甚核而該，爲崑山考文獻最古之帙。卷後丕烈手跋者三則，其珍重可知矣。

宋陽羡淩萬頃、陳留邊實同撰。《續志》則邊實所自爲也。

咸淳毘陵志三十卷 由吴翌鳳藏本過抄之本。汪士鐘曾藏。訛闕頗多，恨無善本可以校正。

宋四明史能之因宋慈未成之稿續撰。

齊乘六卷 依明本過鈔舊帙。畢瀧、黄丕烈經藏。

元于欽撰。蕘圃手校并跋。

至大金陵新志十五卷 依閣本過鈔。

元張鉉撰。

嘉靖太倉州志□□卷 明刊本。

明嘉靖丁未周士佐、周鳳岐同修。

滇略十卷 舊鈔本，六卷。

明謝肇淛撰。

萬曆杭州府志一百卷 刊本。

明萬曆七年郡人陳善修。

欽定日下舊聞考一百二十卷 朱氏原本四十二卷。

乾隆三十九年奉敕撰。

欽定盛京通志一百二十卷 刊本。

乾隆四十四年奉敕撰。

畿輔通志一百二十卷

國朝直隸總督李衛等監修。

江南通志二百卷 乾隆二年刊本。又有康熙二十三年于成龍修進本，七十二卷。

國朝兩江總督趙宏恩等監修。

安徽通志二百六十卷 道光十年刊本。

國朝兩江總督陶澍等監修。

江西通志一百六十二卷 雍正十年刊本。

國朝江西巡撫謝旻等監修。

浙江通志二百八十卷 乾隆元年刊本。又一部。

國朝浙江總督嵇曾筠等監修。

福建通志七十八卷 同治辛未刊本。

國朝浙閩總督英桂等監修。

湖北通志一百卷 刊本。

嘉慶八年吴熊光等監修。

湖南通志二百二十八卷 刊本。

嘉慶二十五年李堯棟等監修。

河南通志八十卷 雍正十三年刊本。

國朝河東總督王士俊等監修。

山東通志三十六卷 乾隆元年刊本。

國朝山東巡撫岳濬等監修。

山西通志二百三十卷 雍正十三年刊本。

國朝山西巡撫覺羅石麟等監修。

陝西通志一百卷 雍正十三年刊本。

國朝陝西總督劉於義等監修。

甘肅通志五十卷 乾隆元年刊本。

國朝甘肅巡撫查郎阿等監修。

四川通志二百二十六卷 嘉慶二十一年刊本。

國朝四川總督常明等監修。

廣東通志六十四卷 雍正八年刊本。又康熙二十四年李霨等總修《輿圖》十二卷，刊本。

國朝廣東巡撫郝玉麟等監修。

又廣東通志三百三十四卷 嘉慶二十三年刊本。

國朝兩廣總督阮元等監修。

廣西通志二百七十九卷 嘉慶六年刊本。

國朝廣西巡撫謝啓昆等監修。

雲南通志二百十六卷 道光六年刊本。

國朝雲貴總督伊里布等監修。

貴州通志四十六卷 乾隆六年刊本。

國朝雲貴總督鄂爾泰等監修。

伊犂總統事略十二卷 嘉慶己巳刊本。

國朝祁韻士因汪廷楷志稿增輯重編，宗室賡寧繪圖，即《伊犂通志》也。

杭志三詰三誤辨一卷，蕭山縣志刊誤三卷 《西河全書》刊本。

國朝毛奇齡撰。入《存目》。

河套志六卷 雍正時刊本。

國朝陳履中撰。入《存目》。

寧古塔志一卷　鈔本，與下《封長白山記》共一本。

國朝桐城方拱乾撰。康熙壬寅《自序》。

沭陽縣志四卷　康熙十三年刊本。

國朝張奇抱撰。

鎮江府志五十五卷　康熙十四年刊本。

國朝張九徵撰。

嘉興府十六卷　康熙五十九年刊本。

國朝吴永芳撰。

徐州府志三十卷 乾隆七年刊本。

國朝石杰撰。

南寧府志五十六卷 乾隆八年刊本。

國朝蘇士俊撰。

淮安府志三十二卷 咸豐二年重刊本。

國朝葉長楊、顧棟高同撰。

無錫縣志四十二卷 乾隆十六年刊本。

國朝王鎬撰。

上元縣志二十八卷 鈔本。

國朝何夢篆于乾隆十五年撰。

鹽城縣志十六卷 乾隆十二年刊本。

國朝黄恒撰。

直隸通州志二十二卷 乾隆二十年刊本。

國朝王繼祖撰。

碭山縣志十四卷 乾隆三十二年刊本。

國朝劉玉瓚撰。

高郵州志十二卷 刊本。

國朝楊宜崙乾隆四十八年撰，馮馨嘉慶十八年增修。

高郵續志六卷 道光二十五年刊本。

國朝范鳳諧撰。

韓城縣志十六卷 乾隆四十九年刊本。

國朝傅應奎撰。

贛榆縣志四卷 嘉慶初年刊本。

國朝王城撰。

海州志三十二卷 嘉慶十三年刊本。

國朝唐仲冕撰。

如皋縣志二十四卷 嘉慶十三年刊本。

國朝左元鎮撰。

江寧府志五十六卷 嘉慶十六年刊本。

國朝姚鼐撰。

泰興縣志八卷 嘉慶十八年刊本。

國朝張先甲撰。

蕭縣志十八卷 嘉慶十九年刊本。

國朝潘溶撰。

東臺縣志四十卷 嘉慶二十二年刊本。

國朝周在撰。

松江府志八十四卷 嘉慶二十三年刊本。

國朝宋如林撰。

蘇州府志一百五十卷 道光四年刊本。

國朝石韞玉撰。

懷寧縣志三十卷 道光五年刊本。

國朝王毓芳撰。

泰州志三十六卷 道光七年刊本。

國朝王有慶撰。

寶應縣志二十八卷 道光二十二年刊本。

國朝孟毓蘭撰。

興化縣志十卷 咸豐元年刊本。

國朝梁園棣撰。

邳州志二十卷　咸豐元年刊本。

國朝魯一同撰。

右地理類都會郡縣之屬。

水經注四十卷　聚珍板本，二部。其一部約校十分之二三。又《漢魏叢書》刊本。又《戴氏遺書》刊本。又明嘉靖刊本，上端考訂甚詳，校者三人：一汪兆兟，一汪義門，一惕齋，皆不知其名。有「蕭爽齋」、「朱叙」、「堯峰」諸印。

《水經》，舊題「漢桑欽撰」；《注》，後魏酈道元撰。是書最多脱誤，而又難覓出實。校者分條數典，又歷舉各本，詳訂得失，使讀者粲若列眉，真酈氏之功臣也。

水經注釋四十卷，刊誤十二卷。趙氏刊本。又一部，以戴本及他本校過。

國朝趙一清撰。

水經注圖二卷刊本。

國朝汪士鐸撰。

水道直指一卷

國朝張學撰。《水經注今釋》所附。

河防一覽十四卷明刊本。又重刊本。

明潘季馴撰。

三吳水利録四卷别下齋刊本。

明歸有光撰。

潞水客談一卷 粤雅堂刊本。

明徐貞明撰。入《存目》。

吳中水利書二十八卷 刊本。

明張國維撰。

北河續記八卷 刊本。

國朝閻廷謨撰。

湘湖水利志三卷 《西河全書》刊本。

國朝毛奇齡撰。

居濟一得八卷 康熙戊子刊本。

國朝張伯行撰。

治河方略十卷 刊本。

國朝靳輔撰。

河防志十二卷 雍正十三年刊本。

國朝張希良編。

行水金鑑一百七十五卷 雍正三年刊本。

國朝傅澤洪撰。

續行水金鑑一百五十卷 道光十一年刊本。

國朝嚴烺、潘錫恩等編。

水道提綱二十八卷 刊本。又一部。

國朝齊召南撰。

南河成案五十四卷

乾隆元年至五十六年刊本。

南河成案續編一百六卷

乾隆五十七年至嘉慶二十四年刊本。

南河成案再續編三十八卷

嘉慶二十五年至道光十三年刊本。

太湖備考十八卷 乾隆庚午刊本。

國朝金友理撰。

兩浙海塘志二十卷 乾隆十六年刊本。

國朝方觀承等編。

山東運河備覽十二卷 乾隆四十年刊本。又一部。

國朝陸燿編。

畿輔安瀾志五十六卷 聚珍板本。

國朝王履泰撰。段玉裁謂其竊戴東原爲方敏慤所修之《直隸河渠書》增損進呈。見《東原年譜》。

東南水利略六卷

國朝凌介禧撰。

淮揚水利圖說一卷 道光十九年刊本。

國朝馮立道撰。

右地理類河渠之屬。

東南進取輿地通鑑三十卷 宋刊本。顧涇陽、黄蕘圃、郁泰峰經藏。有「劍光閣」、「百宋一廛」諸印。

宋趙善譽撰。是書各家書目皆未收，惟《傳是樓書目》有之，僅二十卷。《宋史·藝文志》及《直齋書録解題》皆載是書六十三卷。此本雖僅存及半而弱，然自晉而上各圖具在，古人攻戰之地，開卷犂然。舉世無傳之本，猶未同歸于盡，亦史家無上之秘笈矣。

北邊備對一卷 《古今逸史》刊本。

宋程大昌撰。入《存目》。

東南防守利便三卷 鈔本。

宋陳克、吴若同撰。入《存目》。

兩浙海防考十卷　萬曆元年刊本。

明范淶撰。入《存目》。

温處海防圖略一卷　鈔本。

明蔡逢時撰。《存目》作「二卷」。

靖海紀略二卷　别下齋刊本。

明曹履泰撰。

海防圖并論五十卷　即《籌海圖編》，長恩書室刊本。又一部，十三卷。

明胡宗憲撰。

九邊圖并論 長恩書室刊本。

明許論撰。

鄭開陽雜著十一卷 抄本。

明鄭若曾撰。

秦邊紀略五卷 舊鈔本。

不著名氏，蓋國初人撰。《存目》作「四卷」。

蠻司合志十五卷 《西河全書》刊本。

國朝毛奇齡撰。入《存目》。

海防備覽十卷 乾隆五十八年刊本。又一部。

國朝薛傳源編。

三省邊防備覽十二卷 刊本。

國朝嚴如熤撰。 蓋官陝西南山時，以與閬、夔、鄖、宜邊境相連，身自履勘，而撰此編。

籌海初集四卷 道光中刊本。 是編所述軍械、船隻及砲臺制度，以備尋常賊盜，似尚可恃。若禦外侮，則須别籌長策。 天培旋亦殉難，力雖不足，而心則有餘矣。

國朝關天培撰。

宴海管見一卷，防江防海管見一卷 鈔本。

國朝趙鳴珂撰。

防海議二卷鈔本。

近時人集鈔。

太湖用兵紀略一卷，防湖論略一卷鈔本。

國朝人撰，失姓名。

右地理類邊防之屬。

赤松山志一卷依閣鈔本。

宋倪守約撰。

雁山十記一卷《閻邱辨囿》刊本。

元李孝光撰。

昌平山水記二卷《亭林十書》刊本。

國朝顧炎武撰。入《存目》。

西湖志纂十二卷刊本。

國朝大學士梁詩正撰。

四明山志九卷刊本。

國朝黄宗羲撰。入《存目》。

封長白山記一卷與《寧古塔志》同一抄本，後又附徐蘭《出塞詩》一卷，萬斯同爲之序，叙述塞外風景、古蹟頗詳。

國朝方象瑛撰。後附吴兆騫詩賦各一首。

赤壁志一册 刊本。書中北宋韓駒誤作南宋韓駰，何次仲《答韓駒詩》亦未録入，其大略可覩矣。厲鶚藏。有雍正年間手跋。

國朝康熙戊寅知黄州府賈鉉撰。

峽石山水志一卷 别下齋刊本。

國朝蔣宏任撰。

武夷山志二十四卷 乾隆十六年刊本。

國朝董大工修輯。

靈巖山紀略二卷 刊本。

國朝王鎬、趙西合撰。二人并太倉州知州。

岱覽三十二卷 嘉慶乙丑刊本。

國朝唐仲冕撰。

南嶽志輯要□□卷 道光元年刊本。

國朝許知璣輯。

右地理類山水之屬。

洛陽伽藍記五卷 《古今逸史》刊本。又《津逮秘書》刊本。又《漢魏叢書》刊本。

後魏楊衒之撰。

吴地記一卷，附後集一卷《古今逸史》刊本。

舊本題「唐陸廣微撰」。

長安志二十卷乾隆甲辰經訓堂刊本。又一部。

宋宋敏求撰。

洛陽名園記一卷《文房小説》刊本。又《古今逸史》刊本。又《津逮秘書》刊本。

宋李格非撰。

雍録十卷《古今逸史》刊本。

宋程大昌撰。

長安志圖三卷 經訓堂刊本。附宋敏求《志》後。

元李好文撰。

汴京遺蹟志二十四卷 舊鈔本。

明李濂撰。

石湖志略一卷，文略一卷 舊鈔本。又附《靈巖紀略》一卷，均有圖。

明盧襄撰。入《存目》。

歷代山陵考一卷，附紀事一卷 舊鈔本。曹溶、吴翌鳳均藏。有「曹溶」、「潔躬」、「吴枚菴」諸印。

明王在晉撰。入《存目》。

金陵梵刹志五十三卷 刊本。

明葛寅亮撰。入《存目》。

石柱記箋釋五卷 粵雅堂刊本。

國朝鄭元慶撰。

逍遥山萬壽宫志二十卷 乾隆五十年刊本。

國朝丁步上等輯。

右地理類古蹟之屬。

南方草木狀三卷《漢魏叢書》刊本。

晉嵇含撰。

荆楚歲時記一卷《漢魏叢書》刊本。

梁宗懔撰。

嶺表録異三卷 聚珍板本。

唐劉恂撰。

益部方物略記一卷《津逮秘書》刊本。

宋宋祁撰。

岳陽風土記一卷《古今逸史》刊本。

宋范致明撰。

東京夢華録十卷《津逮秘書》刊本。

宋孟元老撰。

六朝事迹編類二卷《古今逸史》刊本。

宋張敦頤撰。

中吴紀聞六卷粤雅堂刊本。

宋龔明之撰。

桂海虞衡志一卷《古今逸史》刊本。

宋范成大撰。

歲華紀麗譜一卷，附箋紙譜一卷，蜀錦譜一卷《閒邱辨囿》刊本。

元費著撰。

吴中舊事一卷《函海》刊本。

元陸友仁撰。

南海山水古蹟記一卷《閒邱辨囿》刊本。

元吴萊撰。

益部談資三卷 鈔本。

明何宇度撰。

帝京景物略八卷 明刊本。

明劉侗、于奕正同撰。入《存目》。

續吳録二卷 刊本。

明劉鳳儀撰。

黔書二卷 乾隆初年魚元傅所手抄本，有「魚東川」、「汪士鐘藏書」諸印。

國朝田雯撰。《四庫》著録，附《古歡堂集》之下。

譎觚一卷《亭林十書》刊本。

國朝顧炎武撰。駁正地理十事。入《存目》。

柳邊志紀略二卷舊鈔本。

題「山陰耕夫楊大瓢著」。記塞外遼、金遺蹟。康熙間人。

東城雜記二卷粤雅堂刊本。

國朝厲鶚撰。

右地理類雜記之屬。

雲山日記四卷 依知不足齋本鈔本。

元郭天錫撰。天錫《退思集》不傳，唯此《記》，鮑氏從真蹟録出，而未刊行。

徐霞客游記十二卷 刊本。又舊鈔本。

明徐弘祖撰。「霞客」，其自號也。

遊名山記四十八卷，圖一卷，附録一卷 明刊本。

不著撰人。因何鏜《古今遊名山記》而廣之。入《存目》。

神明鏡二卷 精鈔本，徐子晉藏。

未詳撰人。摘鈔《水經注》中奇境，題「玉蟾館主人摘録」。

右地理類游記之屬。

佛國記一卷《津逮秘書》刊本。又舊鈔本，與《北征記》、《使俄羅斯日程録》、《西北域記》合爲一編，總名之曰《塞外雜誌》。

宋釋法顯撰。

諸蕃志二卷《函海》刊本。

宋趙汝适撰。

真臘風土記一卷《古今逸史》刊本。又鈔本，卷首有「古歡堂藏書」印。

元周達觀撰。

海語三卷刊本。

明黄衷撰。

東西洋考十二卷 萬曆戊午刊本。

明張燮撰。

西洋朝貢典録三卷 别下齋刊本。又粤雅堂刊本。

明黄省曾撰。入《存目》。

箕田考一卷 别下齋刊本。

明韓伯謙撰。高麗人。

職方外紀五卷 刊本。

明西洋艾儒略撰。

八紘譯史四卷，紀餘四卷，八紘荒史一卷，嵩谿織志三卷，志餘一卷 刊本。

國朝陸次雲撰。入《存目》。

西北域記一卷，附居業集一卷 舊鈔本。

國朝桂林謝濟世遣戍時撰。

海外番夷録一卷 道光甲辰刊本。

國朝楊炳南撰。

海國圖志五十卷 道光二十二年活字印行；後又廣爲六十卷印行。是書採擇不精，不無浮光掠影之談。

國朝魏源撰。

瀛環志略十卷 道光二十八年刊本。是書叙而不斷，述情形則甚確，籌防守則尚疏。然筆墨峭雅，條理秩然，固近今談瀛洲者首屈一指也。

國朝徐繼畬輯。

外紀摘抄四卷

蓋近人編。曰王大海《海島逸志摘略》，曰徐朝俊《高厚蒙求摘略》，又六十七《番社采風圖考摘略》各一卷，而末卷則汪文泰《紅毛番嘆咭唎考略》，或即文泰所編也。

萬國公法四卷 刊本。

同治四年崇實館刊，美利堅惠頓氏選繕。惠頓遍歷諸海國，能通其情，明其法而記之。近諸國與中國通商，西人丁韙良爲譒譯，刊於京師。

右地理類外紀之屬。

史部十二

職官類

唐六典三十卷 明嘉靖甲辰刊本。卷首有「曾在汪閬源處」印。

唐玄宗明皇帝御撰，李林甫奉敕註。

麟臺故事五卷 聚珍板本。

宋程俱撰。

玉堂雜記三卷 《津逮秘書》刊本。

宋周必大撰。

宋宰輔編年録二十卷 舊鈔本。

宋徐自明撰。

舊京詞林志六卷 刊本。

明周應賓撰。入《存目》。

萬曆辛亥京察紀事始末八卷 刊本。

明周念祖彙編。

樞垣紀略十六卷 道光癸未刊本。

國朝梁章鉅在軍機章京時所記。

右職官類官制之屬。

臣軌二卷 《佚存叢書》刊本。又《傳望樓金帚編》刊本。

唐武后撰。分國體、至忠、守道、公正、匡諫、誠實、慎密、廉潔、良將、利人十章。自鄭樵《通志》後，著録久佚。嘉慶初，日本人以活字印行。

州縣提綱四卷《函海》刊本。又長恩書室刊本。

不著撰人名氏。

作邑自箴十卷陸敕先藏明人影宋鈔本。又活字板本。

宋李元弼撰。

牧津四十四卷刊本。

明祁承㸁撰。入《存目》。

義質堂蜀治提綱一卷道光乙巳重刊本。

國朝楊馝撰。乾隆元年廵撫四川時官箴也。

右職官類官箴之屬。

史部十三

政書類

通典二百卷　明刊本。

唐杜佑撰。

通典詳節四十二卷　元刊本。卷首有「古鹽官州馬氏」、「南樓書籍」諸印。

元至元丙戌刊本。元人備科舉之書。

唐會要一百卷　聚珍板本。

宋王溥撰。

五代會要三十卷 聚珍板本。陳鱣假吴楓周氏明人舊鈔本校過，并補録慶曆、乾道二《跋》。卷末有鱣硃筆手跋，述此書原委甚詳。卷首有「陳鱣圖像」及「仲魚手校」諸印。又舊鈔本，最精善。汪士鐘藏。有「士鐘」、「閬原」諸印。又閩刻本，二部。

宋王溥撰。

宋朝事實二十卷 聚珍板本。

宋李攸撰。

建炎以來朝野雜記四十卷 聚珍板本。又《函海》刊本。

宋李心傳撰。

西漢會要七十卷 聚珍板本。又閣本依鈔。又一鈔本，誤題「西漢貫制叢録」〔四〕，鮑氏知不足齋藏。又續得宋刊本。

宋徐天麟撰。宋本，首尾完善，神明焕然，足以證鈔本之失者十之一二，誠史部中不可多見之書矣。卷首有「劉桐珍賞」、「廷佐」、「暝琴山館」、「馬氏玉堂」諸印。

東漢會要四十卷 聚珍板本。又續得宋刊本，行款、紙墨、刻手，一如《西漢》，蓋同時印刷之本。卷首印同前。

宋徐天麟撰。《提要》據范氏天一閣藏本，第三十七、三十八兩卷全闕，三十六、三十九兩卷亦各佚其半。今此本犁然俱在，不可謂非人間之秘寶矣。

漢制考四卷 附《玉海》刊本。又《津逮秘書》刊本。

宋王應麟撰。

文獻通考三百四十八卷 明刊十三行小字本。

元馬端臨撰。

明會典略二百二十八卷 刊本。

明人據萬曆十五年撰《會典》按卷摘録者。

欽定大清會典則例九百二十卷，又圖説一百三十卷 内府刊本。

道光間增修。

右政書類通制之屬。

漢官舊儀一卷，補遺一卷 内府刊本。編《聚珍板書》中。

漢衛宏撰。

漢官一卷，漢官解詁一卷，漢舊儀二卷，補遺二卷，漢官儀二卷，漢官典職儀式選用一卷，漢儀一卷平津館刊本。

國朝孫星衍鈔輯漢人諸書。

漢禮器制度一卷平津館刊本。

亦孫星衍所輯。

太常因革禮一百卷舊鈔本。原缺五十一至六十七，凡十七卷。

宋歐陽修等奉敕編。實則蘇洵、姚闢同撰。歐公誌老泉墓所謂「太常修撰建隆以來禮書，以霸州文安主簿食其禄同修」者也。當時李清臣已譏其「繁簡失中，訛闕不補」。然有可正《宋志》之失者甚多，則此書有益于稽古〔五〕，非淺鮮矣。

大金德運圖説一卷 閣本依鈔，李兆洛藏。有「申耆審定」印。

金貞祐二年尚書省集議之案牘也。

素王紀事一册 舊鈔本。有「長洲顧氏藏書」印。

題「明傅汝楫校」。

明宫史四册 刊本。

舊本題「廬山赤隱吕毖校次」。

南巡盛典一百二十卷 官刊本。

乾隆三十一年兩江總督高晉撰。

世宗憲皇帝大行典禮檔四册

孝莊文皇后、孝惠章皇后喪儀檔一册康熙二十六年、康熙五十六年。

孝賢皇后喪儀典禮檔二册乾隆十三年。

端慧太子喪儀檔一册乾隆三年。

皇貴妃并親王等薨逝典禮檔一册乾隆八年至十五年。

右數册均鈔本，雖尚未成書，然可以考校《會典》。

類宫禮樂全書十六卷順治十三年刊本。

國朝張安茂撰。入《存目》。

辨定嘉靖大禮議二卷《西河全書》刊本。

國朝毛奇齡撰。入《存目》。

北郊配位議一卷《西河全書》刊本。

國朝毛奇齡撰。

帝王廟謚年諱譜一卷乾隆乙未《自序》，道光中刊本。

國朝陸費墀撰。

紀年表一卷

乾隆癸丑萬廷蘭刊，附《太平寰宇記》後之本。

紀元編三卷 粤雅堂刊本。

國朝李兆洛撰。

南工廟祀典三卷 刊本。

乾隆四十四年李奉翰輯。録南河督所駐清河縣涉河務祠廟典禮。

國朝謚法考六卷 刊本。考至道光十年。

道光十一年趙鉞撰。

右政書類儀制之屬。

救荒活民書三卷 長恩書室刊本。

宋董煟撰。

救荒活民書拾遺一卷，增補一卷 明刊本。

元張光大、明朱熊增補宋董煟書。熊書入《存目》。

河東鹽法考一卷，靈州鹽法考一卷，廣東鹽法考一卷 舊鈔本。

明人記鹽政備史稿之書。

福建市舶提舉司志一卷 嘉靖乙卯刊本。

明高奇編。

康濟譜二十五卷 崇禎庚辰刊本。

明潘猶龍撰。

欽定户部則例一百二十六卷 刊本。

乾隆五十二年部頒。

捕蝗考一卷 長恩書室刊本。

國朝陳芳生撰。

荒政叢書十卷 長恩書室刊本。

國朝俞森撰。

荒政輯要十卷 刊本。

國朝汪志伊撰。

兩淮鹽法志六十卷 刊本。

嘉慶十一年兩淮鹽政佶山修。

增定淮北票鹽志□□卷

道光十八年童濂撰。

江蘇海運全案十二卷 刊本。

道光六年陶澍編。

右政書類邦計之屬。

歷代兵制八卷 長恩書室刊本。

宋陳傅良撰。

欽定八旗通志初集二百五十卷 内府刊本。

雍正五年奉敕撰。

欽定軍需則例户部十卷，兵部五卷，工部一卷 刊本。

乾隆五十三年纂。

欽定軍需則例六十卷 刊本。

嘉慶十七年劉權之等重修進呈。

欽定中樞政考八旗三十二卷，緑營四十四卷 缺《目》。刊本。

右政書類軍政之屬。

大清律例四十七卷 道光五年刊本。

乾隆五年大學士三泰等奉敕撰。

大清律例刑案統纂集成

道光時刑幕彙纂之本，二十七年刊。又一部，增入二十八、九年新章。

定例彙編十卷 刊本。

咸豐元年至十年。

定例彙編二卷 刊本。

同治元年二年編。

律例便覽八卷 刊本。

咸豐九年蔡逢年摘纂，同治三年續增新章。

右政書類法令之屬。

欽定武英殿聚珍版程式一卷 聚珍板本。

乾隆三十八年，詔甄擇《四庫全書》善本刊刻流布，侍郎金簡請以活字印行，賜名曰「聚珍版」。金簡因綜述其法，編爲此書奏進。

工程做法七十四卷 刊本。

乾隆元年邁柱等題進。

木龍成規一卷

乾隆五年李昞編進。

九卿議定物料價值四卷

乾隆二十四年進本。

欽定河工實價則例章程三卷 刊本。

嘉慶十三年四月頒行。

河工碎石方價一卷

嘉慶二十二年黎式序奏定。

奏減河工價料則例一卷

嘉慶二十三年曹振鏞奏定。

右政書類考工之屬。

史部十四

目録類

崇文總目十二卷 粤雅堂刊錢侗本，六卷，《附録》一卷。

宋王堯臣等奉敕撰。

遂初堂書目一卷 舊鈔本。前有毛扆一《序》，後有魏了翁、陸友仁二跋又一鈔本，分上下卷，上海郁松年曾藏。

宋尤袤撰。一名《益齋書目》。

直齋書録解題二十二卷 聚珍板本。

宋陳振孫撰。

漢藝文志考證十卷 附《玉海》刊本。

宋王應麟撰。

菉竹堂書目六卷 粵雅堂刊本。又一精鈔本，共二册，無卷數。卷首有「三十五峰園主人」、「汪士鐘」、「閬原諸印」。

明葉盛撰。入《存目》。

内閣書目八卷 舊鈔本。曰聖製，曰典制，曰經，曰史，曰子，曰集，曰總集，曰金石，曰圖經，曰樂律，曰字學，曰理學，曰奏疏，曰志乘，曰傳記，曰技藝，曰雜部，爲子目十有七。體例頗爲疏陋，然撰人姓名、官職皆略有記載，書之全闕并一一註明，亦劬古者所不可廢之書也。曾藏上海郁氏宜稼堂。

不題撰人。卷末署「萬曆三十三年乙巳〔六〕，内閣敕房辦事，大理寺左寺副孫能傳，中書舍人張萱等，奉中堂諭校理并纂輯」；又《跋》云：「此國初秘閣所藏書目也。卷數不下十萬有奇」等語。其時内閣已稱爲中堂，亦稽古之一端也。

淡生堂書目 舊鈔本，無卷數，分八册。

明祁承㸁編。

國史經籍志六册 粤雅堂刊本。又鈔本一部，計五册。又鈔本一册，闕子、史、集三種。

明焦竑撰。

授經圖二十卷 康熙中玉玲瓏閣刊本。

明朱睦㮮撰(七)。

欽定天禄琳琅書目十卷 抄本。

乾隆九年奉詔編四十年重輯。

欽定四庫全書總目提要二百卷 武英殿刊本，編在聚珍板書中。又湖州刊本。

乾隆四十七年紀昀等奉敕纂。

千頃堂書目三十二卷 舊鈔本，首數卷校訂詳核。又一部，亦舊鈔，陳仲魚所藏。

國朝黄虞稷撰。

絳雲樓書目七十四卷 精鈔本，陳景雲校勘。每書名上下端皆硃筆注其出實及各本異同。又一部，舊鈔本，汲古閣毛子晉藏，亦有硃筆校過，但比前書約少十之五六耳。

國朝錢謙益撰。即宋、元本及秘本而論，已不下數千百種之多。歷代民間藏書無如此之盛者，惜乎付之一炬。

汲古閣珍藏書目一册 鈔本。卷末有「嘉慶戊午笏山手鈔」，不知爲何人。

國朝毛晉撰。所録皆珍秘古本，通行書不在此内也。

汲古閣家塾藏板目録一册 舊鈔本，無卷數，分經、史、子、集四種，尚有未刻書十四種，亦編於卷末。

國朝毛晉所刻書。

述古堂藏書目録題詞一册 錢遵王手稿。濃圈密點，亦有塗抹删改，蓋其《讀書敏求記》未編定之初本也。諸經中有可補趙、阮兩刻之遺者十許條。

國朝錢曾撰。

述古堂書目 粤雅堂刊本，無卷數。

國朝錢曾撰。入《存目》。

經義考三百卷 乾隆二十一年雅雨堂刊本。又翁方綱《經義考補正》十二卷，粵雅堂刊本。

國朝朱彝尊撰。

楝亭書目上中下三册 舊鈔本，無卷數，以類分隸，凡三千二百八十七種。

國朝曹寅撰。字幼清，一字子清，康熙中巡視兩淮鹽政。

佳趣堂書目兩册 潄六樓舊鈔本。卷首有置書年分，自康熙十四年起，至雍正八年止。觀《自序》「典衣節食，或手自鈔寫，費六十餘年之心血」等語，可知與他人之巧取豪奪及輦金廣購者，難易甘苦爲不同矣。有「郁泰峰己丑年所收書」印。

國朝陸漻撰。

漁洋書跋二卷 刊本。

國朝劉堅彙編《帶經堂集》書籍跋尾之文。

毘陵經籍志四卷 抄本。

國朝盧文弨編。

通志經解目録一卷 粤雅堂重刊本。

國朝翁方綱箋。

經籍跋文一卷 别下齋刊本。

國朝陳鱣撰。

鑑止水齋書目一册 鈔本。長洲顧沅於道光己酉三月客杭，從羅鏡泉假録，見卷首手跋。

國朝許宗彦撰。余與其吉嗣子雙明府有舊，聞其書於兵燹後散亡殆盡，不勝悵然。

孫氏書目内編二卷 刊本。

國朝孫星衍撰。

廉石居藏書志摘要一卷 刊本。

國朝孫星衍撰。

鄭堂讀書日記稿本三十四册 鈔本。

國朝周中孚撰。

天一閣書目八册　嘉慶十三年刊本。分經、史、子、集，共四千九十四種，五萬三千七百九十九卷，皆明天啓以前舊本。

國朝范懋柱録。此録其祖明兵部侍郎范欽所藏書也。經三百餘年而散亡於髮匪之亂，或云逆匪付之一炬，或云浙中楊氏略有收存，莫能詳也。

曝書雜記二卷　別下齋刊本。

國朝錢泰吉撰。

愛日精廬藏書志三十六卷　刊本。

國朝張金吾撰。宋元秘本有序者全録，今齋中書有「愛日精廬」印者，皆其餘也。

附録

千墨齋彙鈔七家書目八册　精鈔本。字畫秀潤圓健，無一懈筆，可寶也。末署「嘉慶丙子吴門趙光照手録」。汪士鐘曾藏。有「三十五峰園主人」、「茂苑」、「厚齋」、「汪氏家藏」等印。

國朝趙光照輯。七家者：一《百川書志》二十卷，明高儒撰，每書名下條註甚詳，足資考証，有明嘉靖庚子《自序》。一《吴文定公藏書目録》一册，記明吴寬所藏書籍，不題撰書人名姓及刊本異同。一《萬卷堂家藏藝文目記》十卷，明朱睦㮮撰，有明隆慶庚午《自序》。計經類爲目凡十一，共六千一百二十卷；史類爲目凡十二，共一萬八千卷；子類爲目凡十，共六千七十卷；集類爲目凡三，共一萬二千五百六十卷，人代姓氏各具撰述之下。一《述古堂書目》十卷，國朝錢曾撰。一《佳趣堂陸氏書目》一册，國朝陸漻撰。一《潛采堂宋金元詩文集書目》三種，國朝朱彝尊編。一《青綸館藏書目録》一卷，國朝宋筠撰[八]，後有《跋》云：「宋蘭暉侍御，即漫堂中丞之子。」

拾園張氏書目四册　精鈔本，不著書籍原委，但列第幾架、第幾層、某函、某書而已。自第一函起，至六千一百四十四函止。

未詳撰者名。

百宋一廛賦 刊本。又鈔本。

國朝顧廣圻撰，黄丕烈註。皆述蕘圃所藏宋槧之源流也。

草抄本書目一册 無卷數，亦不分經、史、子、集及年代先後。

不題撰者名氏。

右目録類徑籍之屬。

集古録十卷 舊鈔本。康熙辛卯何焯義門手校，甚爲精博。

宋歐陽修撰。

法帖釋文十卷 康熙癸亥朱家標校刊本。

宋劉次莊撰。

絳帖平六卷 聚珍板本。

宋姜夔撰。

寶刻類編八卷 鈔本，前後俱無序跋。

不著撰人名氏。

古刻叢鈔一卷 平津館刊本。

明陶宗儀編所録碑刻。

菉竹堂碑目六卷 粤雅堂刊本。

明葉盛撰。

碑藪一册 依嘉靖壬戌鈔本過録。

明陳鑑撰。

金石林時地考二卷 粤雅堂刊本。

明趙均撰。

欽定校正淳化閣帖釋文十卷 聚珍板本。

乾隆三十四年，於秘府所儲閣帖擇淳化四年賜畢士安之本爲初搨第一者，命内廷諸臣校定刻石。

東巡金石録六卷 刊本。

自乾隆戊辰迄乙酉，高宗純皇帝六幸山東，巡撫崔慶階恭彙御製各種已摩崖勒石者爲一編。

求古録一卷舊鈔本。

國朝顧炎武撰。

金石文字記六卷《亭林十書》刊本。

國朝顧炎武撰。

顧氏石經考一卷《亭林十書》刊本。

國朝顧炎武撰。

來齋金石考三卷有林侗《天下碑刻目録》鈔本一册，即此書，而異其標題。

國朝林侗撰。

瘞鶴銘考一卷 舊鈔本。卷末有丁酉七月大瓢楊賓《跋》一首。

國朝汪士鋐撰。入《存目》。

觀妙齋金石文考略十六卷 李氏刊本，字畫婀娜秀媚，欲來親人。

國朝李光暎撰。

淳化秘閣法帖考正十二卷 刊本，精雅。

國朝王澍撰。

淳化閣帖釋文十卷 刊本。

國朝朱家標撰。

石經考異二卷 刊本。下卷附刻《晉書補傳贊》并《諸史然疑》。

國朝杭世駿撰。

金石録補二十七卷 别下齋刊本。

國朝葉奕苞撰。

石門碑醳一卷 附《郙閣銘考》，别下齋刊本。

國朝王森文撰。

蘇齋蘭亭考一卷 粤雅堂刊本。

國朝翁方綱撰。

嵩洛訪碑録一卷 粤雅堂刊本。

國朝黄易撰。

金石文跋尾六卷，續七卷，又續六卷，三續六卷，潛研堂金石文字目録八卷 刊本。

國朝錢大昕撰。

中州金石記八卷，關中金石記八卷 經訓堂刊本。

國朝畢沅撰。

寰宇訪碑録十二卷 平津館刊本。

國朝孫星衍、邢澍同編。

漢石經殘字一卷刊本。

國朝陳宗彝編。

魏三體石經考一卷平津館刊本。

國朝孫星衍輯。

天一閣碑目一卷

揚州刊書目所附。

括蒼金石志十二卷鈔本，并摹篆隸諸字，多所删訂，當係其底本。

道光十二年嘉興李遇孫輯。

建昭雁足燈考二卷 刊本。

國朝徐渭仁編。

扶風縣石刻記二卷 鈔本。

國朝黄樹穀輯。

興平縣金石志一卷 鈔本。

國朝黄樹穀輯。

碑帖一卷 刊本。

國朝錢泳輯。

右目録類金石之屬。

史部十五

史評類

史通二十卷 明嘉靖乙未陸深刊於蜀中。本孫潛潛夫所手校，於明刻多所是正，并足以訂近時《通釋》之失。卷首有「孫潛」、「顧廣圻」、「吴嘉泰」諸印。

唐劉子元撰。子元即劉知幾，以字行。

唐史論斷三卷 《函海》刊本。又粤雅堂刊本。

宋孫甫撰。

唐書直筆四卷 聚珍板本。

宋吕夏卿撰。

通鑑問疑一卷《津逮秘書》刊本。

宋劉羲仲編。

三國雜事二卷《函海》刊本，一卷，附《三國紀年》一卷。又舊鈔本。

宋唐庚撰。

經幄管見四卷閣本依鈔。

宋曹彦約撰。

大事記講義二十三卷舊鈔本。題《類編皇朝大事記講義》二十四卷，譌字及行款格式誤者，皆貼浮簽更正，似欲刊刻而未果之底本也。

宋吕中撰。

兩漢筆記十二卷

宋錢時撰。

小學史斷二卷 刊本。

宋南宫靖一撰。入《存目》。

舊聞證誤四卷 閣本依鈔。又《函海》刊本。

宋李心傳撰。

通鑑答問五卷 附《玉海》刊本。

宋王應麟撰。

學史十三卷　明崇禎時刊本，附《簡端録》之後。

明邵寶撰。

宋紀受終考三卷　鈔本。專辨燭影斧聲事。藝海樓藏。

明程敏政撰。入《存目》。

歷代正閏考十二卷　舊鈔本。

明沈德符撰。

藩鎮指掌編一卷　刊本。

明陳繼儒撰。

御批通鑑綱目五十九卷，通鑑綱目前編十八卷，外紀一卷，舉要三卷，通鑑綱目續編二十七卷 刊本。别有明成化官刊大字正續編。又有明正德癸酉福州刊七家注本。又康熙己巳婺源刊注本。

康熙四十六年聖祖仁皇帝御撰。

【校勘記】

〔一〕□□卷：查《清史稿・藝文志》著録是書爲「六卷」。

〔二〕嵇曾筠：「嵇」原誤作「稽」，據雍正十一年刻本改。

〔三〕杜□□：闕字原作墨釘，當係「東原」二字。「東原」是杜瓊（字用嘉）之號。

〔四〕西漢：原作「兩漢」，據《持静齋藏書記要》卷下改。

〔五〕「于」下原衍一「于」字，據文意删。

〔六〕三十三年：原作「三十二年」，據《内閣藏書目録》改。明萬曆三十三年爲「乙巳」年。

〔七〕朱睦㮮：「㮮」原作「⿰木絜」，據《郘亭知見傳本書目・史部十四目録類》所記是書及《授經圖義例》改。本書目多誤「㮮」爲「⿰木絜」，下徑改。

〔八〕宋筠：「筠」字原空缺，據《清史稿・藝文志》補。

持靜齋書目卷三

子部一

儒家類

孔子家語十卷 汲古閣刊本。又一部。

魏王肅註。

標題明解聖賢語論四卷，首簡一卷 刊本。

元王廣謀《孔子家語》注。

孟子外書四卷《函海》刊本。

宋劉攽注。附《逸孟子》一卷。

荀子二十卷 乾隆丙午嘉善謝氏校刊本，精善。卷首有「讀書有福得書難」印。又一部。又《十子全書》刊本。又元刊《纂圖互註》殘本，僅存卷十三至卷二十。

周荀況撰。

孔叢子三卷《漢魏叢書》刊本。

舊題「陳勝博士孔鮒撰」。

新語二卷《漢魏叢書》刊本。

舊題「漢陸賈撰」。

新書十卷《漢魏叢書》刊本。

漢賈誼撰。

鹽鐵論十二卷 宋刊本。半頁十行，行十八字。末卷末頁有「淳熙改元錦谿張監稅宅善本」二行木記。首有乙巳孟春馮武題識。武，班之猶子也。又《漢魏叢書》刊本。又雲間張之象註本，卷末有「嘉靖甲寅張氏猗蘭堂刊行」木記。字畫清朗悦目，惟所引故實太冗長。

漢桓寬撰。

新序十卷《漢魏叢書》刊本。

漢劉向撰。

說苑二十卷《漢魏叢書》刊本。

漢劉向撰。

法言集註十卷嘉慶甲子蘇刊《十子全書本》。又《漢魏叢書》刊本。

漢楊雄撰。

潛夫論十卷《漢魏叢書》刊本。

漢王符撰。

申鑒五卷《漢魏叢書》刊本。

漢荀悦撰。

中論二卷《漢魏叢書》刊本。

漢徐幹撰。

忠經一卷《津逮秘書》刊本。又《漢魏叢書》刊本。

舊題「漢馬融撰」。入《存目》。

傅子一卷聚珍板本。又一部。

晉傅玄撰。

中説十卷宋刊本。陳鱣藏。又明世德堂刊本。又《十子全書》刊本。又《漢魏叢書》刊本。

舊本題「隋王通撰」。

中說考七卷 刊本。朱彝尊藏。有「秀水朱氏潛采堂圖書」及「仲魚」、「鱣讀」諸印。

王通撰，相臺崔銑考并釋。古雅清朗，不亞宋刊。宜竹垞之收諸内庫也。

帝範四卷 内府刊本，編《聚珍板書》中。又一刊本。又續得宋刊本。

唐太宗文皇帝御撰。

女孝經一卷 《津逮秘書》刊本。

唐鄭氏撰。入《存目》。

素履子三卷 《函海》刊本，二卷。

唐張弧撰。

張子經學理窟五卷 刊本。

宋張載撰。

註解正蒙二卷《安溪全集》刊本。

國朝李光地撰。

正蒙注九卷 湘鄉刊本。

國朝王夫之撰。

二程遺書二十五卷，附録一卷 禦兒吕氏寶誥堂刊本。

程子門人所記。

二程外書十二卷 寶誥堂刊本。

亦程子門人所記。

二程粹言二卷 寶誥堂刊本。

宋楊時編。

公是先生弟子記四卷 聚珍板本。

宋劉敞撰。

童蒙訓三卷 同治二年當歸草堂刊本。

宋呂本中撰。

省心雜言一卷《函海》刊本。

宋李邦獻撰。

近思録十四卷刊本。

宋朱子、吕祖謙同撰。

近思録集註十四卷同治三年望三益齋刊本。

國朝江永撰。

小學集註六卷坊本。

舊本題「宋朱子編」。

朱子語類一百四十卷 寶誥堂刊本。

宋黎靖德編。

明本釋三卷 聚珍板本。

宋劉荀撰。

麗澤論説集録十卷 舊鈔本。

宋呂喬年編。

子思子一卷 閣本依鈔。

宋汪晫編。

項氏家説十卷，附録二卷 聚珍板本。

宋項安世撰。

黄氏日鈔九十五卷 元至元丁丑刊本。季振宜藏。有「振宜」、「詵兮」、「滄葦」諸印。

宋黄震撰。

北溪字義二卷 刊本，後附《嚴陵講義》一卷。

宋陳淳撰。

讀書分年日程三卷 康熙乙巳三魚堂刊本。又當歸草堂刊本。

元程端禮撰。

辨惑編四卷附録一卷 刊本。又附《懷古録》一卷。

元謝應芳撰。

大學衍義補一百六十卷 明刊本。

明丘濬撰。

困知記二卷，續記二卷，附録一卷 康熙九年劉炳刊本。

明羅欽順撰。

張子鈔釋六卷 坊本。又一本，有大德己丑葛溼《序》，結銜「後學吕元抄釋」。字畫古雅，極似□刻，尚須詳考，方定真僞。有「張見陽」、「語石齋」、「淑躬堂」、「朱卧庵」、「陸治」、「曹溶收藏」諸印。

明吕柟撰。

慎言集訓二卷 同治四年當歸草堂刊本。

明敖英撰。入《存目》。

呻吟語摘二卷，吕子遺書本六卷，又吕子節録四卷，補遺二卷 陳宏謀定本[一]。又《吕子全書》内《呻吟語》六册。

明吕坤撰。入《存目》。

榕壇問業十八卷 刊本。

明黄道周撰。

温氏母訓一卷 當歸草堂刊本。

明温璜述其母陸氏之訓。

康熙幾暇格物編一册 抄本。

聖祖仁皇帝御製。

庭訓格言一卷 刊本。

雍正八年世宗憲皇帝御纂。

御纂性理精義十二卷 江南官刊本。

康熙五十六年大學士李光地奉敕撰。

思問録内外篇二卷 湘鄉刊本。

國朝王夫之撰。

毋欺録一卷 舊鈔本。又一部，亦鈔本，卷數同前，多《蔡忠襄公入聖路》一卷。

國朝崑山朱用純撰。附《百稽引》一卷，簡洲顧天叙撰；《觀論》二卷，朱文靖公天麟撰。《暨陽問答録》四卷，《小德録》一卷，道光中蔣彤編其師李某言行。合上數種爲一册。用純，號柏廬，即著《家訓》者。

讀朱隨筆四卷 刊本。

國朝陸隴其撰。

松陽鈔存二卷 當歸草堂刊本。

國朝陸隴其撰。

太極圖説遺議一卷 《西河全書》刊本。

國朝毛奇齡撰。入《存目》。

榕村語録三十卷 《安溪全書》刊本。

國朝李光地撰。

質孔説二卷 琳琅秘室活字本。

國朝周夢顔撰。康熙間崑山人。

孔子集語十七卷 平津館刊本。

國朝孫星衍纂輯。

切近編四卷 當歸草堂刊本。

國朝沈廷芳、桑調元編。録朱子及陸稼書、張楊園、勞餘山三先生語，各爲一卷，以教士。

蠹言四卷 信芳閣活字印。

嘉慶中高密李詒經五星撰。

姚江學辨二卷 鈔本。

國朝羅澤南撰。

忱行録一卷 當歸草堂刊本。

國朝邵懿辰撰。

附録

温經日用録一册 舊鈔本。

題「遂寧張陶仲治撰」。未詳其時代。

右儒家類。

子部二

兵家類

握奇經一卷

《津逮秘書》刊本。又《李安溪全書》中有《握奇經定本》一卷。

舊本題「風后撰，漢公孫弘解，晉馬隆述讚」。

握機經輯注圖説二卷

海昌程道生輯。

六韜六卷

平津館刊本。又長恩書室刊本。

舊本題「周呂望撰」。

孫子一卷 平津館刊魏武帝注本。又長恩書室刊本。又《漢魏叢書》刊本。

周孫武撰。

吴子一卷 平津館刊本。又長恩書室刊本。

周吴起撰。

司馬法一卷 平津館刊本。又長恩書室刊本。

舊本題「齊司馬穰苴撰」。

三略三卷 閣本依鈔。

舊本題「黄石公撰」。

三略直解三卷 閣本依鈔。

明劉寅撰。

素書一卷 《漢魏叢書》刊本。

舊本題「黄石公撰，張商英註」。

心書一卷 《漢魏叢書》刊本。

舊本題「漢諸葛亮撰」。入《存目》。

兵要望江南詞一卷 舊鈔本。

舊本題「唐李靖撰」。

太白陰經八卷 長恩書室刊本，十卷。

唐李筌撰。

虎鈐經二十卷 粵雅堂刊本。

宋許洞撰。

何博士備論一卷 長恩書室刊本。

宋何去非撰。

守城録四卷 長恩書室刊本。

是書凡分三種：首爲《靖康朝野僉言後序》，宋陳規撰；次爲《守城機要》，亦規所撰；次曰

《建炎德安守禦録》。

陣紀四卷 鈔本。又一部，亦鈔本。又長恩書室刊本。

明何良臣撰。

兵録十四卷 萬曆丙午刊本。

明何汝寅撰。

紀效新書十八卷 道光辛丑刊本。

明戚繼光撰。

登壇必究四十卷 活字印本，缺前三卷。

明王鳴鶴撰。

武備志二百四十卷 鈔本。

明茅元儀編。凡《兵訣評》十八卷，《戰略考》三十三卷，《陣練制》四十一卷，《軍資乘》五十五卷，《占度載》九十三卷。

草廬經略十二卷 粤雅堂刊本。

明無名氏編。

車營圖制一卷，車營百八叩一卷 刊本。

明孫承宗撰。

則克録一卷 咸豐元年刊本。本名《火攻挈要》，道光辛丑揚州重刊，乃改此名。

明泰西湯若望授，寧國焦勖述。

水師輯要一卷 雍正己酉序鈔本。又鈔本，二卷。

國朝陳良弼撰。

演礮圖説輯要四卷，後編一卷 道光二十二年刊本。

國朝丁拱辰撰。論西人砲法，雖未盡中肯綮，然亦略得端倪。中國人言外洋砲火，以此爲權輿。

兵鑑四卷附録一卷 道光己酉刊本。

國朝徐樹人輯。

水雷圖説一卷 海山仙館刊本。

國朝番禺潘仕成撰。用米利堅法造爲圖説，然亦只得其大略，未能施之實用。惟當時衆人皆未悉西法精良，而德輿獨不惜重貲以購求之，蓽路藍縷，其苦心爲不可没也。

右兵家類。

子部三

法家類

管子二十四卷 元刊本。王芑孫舊藏。有手跋云：「阮雲臺先生過鷗波舫，出以相贈。」又明萬曆壬午趙用賢刊本。又一部，卷首有「師簡堂」、「東吴文獻世家」諸印。

舊本題「周管仲撰」。

管子補註二十四卷 《十子全書》刊本。

明劉績撰。

鄧析子一卷　閣本依鈔，藝海樓藏本。

周鄧析撰。

商子五卷　明程榮刊本。

舊本題「秦商鞅撰」。

韓子二十卷　明萬曆壬午趙用賢刊本。又明凌瀛初印本。又《十子全書》刊本。又明孫鑛節鈔二卷本。錢湘靈手批，朱藍炫然。卷首有「儒師馬文肅」、「佛嗣熊檗庵」、「圓沙」、「彭祖同庚」、「壬子癸丑草創大還堂」、「陸燦湘靈」諸印。

周韓非撰。

汪龍莊學治臆説二卷，續説一卷，説贅一卷，佐治藥言一卷，續一卷，附病榻夢痕録及餘録 刊本。

國朝汪輝祖撰。

清泉邑侯江公讞語十二卷，附録二卷 乾隆癸未刊本。

國朝江恂，字于九。聽斷語及判語。清泉本衡陽縣，乾隆二十一年析置。恂首任之。

洗冤録補註全纂六卷，集證二卷 刊本。

嘉慶丙辰李觀瀾補輯，道光壬辰阮其新補註。其《集證》則郎錦騏輯。

補註洗冤録集註四卷，附檢骨圖格一卷，作吏要言一卷 道光癸卯揚州刊本。

國朝王又槐輯。《集證》，阮其新補註。

刑案匯覽六十四卷，續增十六卷 道光中刊本。

國朝會稽祝慶祺輯。

劉簾舫吏治四種□□卷 刊本。

國朝劉衡撰。

右法家類。

子部四

農家類

齊民要術十卷《津逮秘書》刊本。

後魏賈思勰撰。

耒耜經一卷《津逮秘書》刊本。

唐陸龜蒙撰。入《存目》。

農書三卷附蠶書一卷《函海》本，僅《農書》三卷。

宋陳旉撰。

農桑輯要七卷 聚珍板本。又一部。

元至元十年官撰。

農桑衣食撮要二卷 長恩書室刊本。

元魯明善撰。

農書二十二卷 明萬曆末鄧渼刊本，十卷。

王元禎撰〔二〕。

農政全書六十卷 道光癸卯上海曙海樓重刊本。

明徐光啓撰。

欽定授時通考七十八卷 乾隆七年江西官刊本。又二部。

乾隆二年奉敕撰。

多稼集二卷 鈔本。道光丁未嵇文煒《序》。卷首有「田道人」印。

自署「田道人著」。上卷曰《種田新法》，下卷曰《農政發明》。

蠶桑輯要合編一卷 刊本。

咸豐中尹紹烈輯。

右農家類。

子部五

醫家類

黄帝素問二十四卷 嘉靖庚戌武陵顧從德翻刊宋本。

唐王冰註。

靈樞經十二卷

是書論鍼灸之道，與《素問》通號《内經》。

難經本義二卷 刊本。

周秦越人撰。

難經集註五卷 日本《佚存叢書》活字本。

明王九思等集吴吕廣、唐楊玄操、宋丁德用、虞庶、楊康侯各家之説。吕、楊各註今無傳，藉存其概。書中圖，據《晁志》蓋出于德用也。

華氏中藏經十卷 平津館刊本。

漢華陀撰。

千金寶要六卷 平津館刊本。又舊鈔本。

唐孫思邈撰，宋郭思輯。

外臺祕要四十卷 明末經餘居刊本。

唐王燾撰。

素問六氣玄珠密語十卷 舊鈔本。

唐王冰撰。此書道藏本，十七卷。《四庫》入「術數存目」中。此本十卷，與晁《志》合，卷異，篇則同也。

顱顖經二卷《函海》刊本。

不著撰人名氏。

蘇沈良方八卷 聚珍板本。

宋沈括撰。後人又以蘇軾之説附之。

脚氣治法總要二卷 藝海樓依閣鈔本。

宋董汲撰。

旅舍備要方一卷 長恩書室刊本。

宋董汲撰。

傷寒微旨二卷 長恩書室刊本。

宋韓祇和撰。

證類本草三十卷 元刊本。增附寇氏《衍義》，後署「大德丙午平水許宅印」。曝書亭舊藏，有「秀水朱氏潛采堂」、「孫星衍」、「陳鱣」、「仲魚收藏」諸印。又明萬曆戊戌刊本。

宋唐慎微撰。

全生指迷方四卷 長恩書室刊本。

宋王貺撰。

錢氏小兒藥證直訣三卷〔三〕聚珍板本。

宋錢乙撰，閻忠孝編。

錢氏小兒藥證直訣三卷，附方一卷刊本。

宋錢乙撰。附小兒方一卷，閻忠孝撰；其一卷則董氏《小兒斑疹備急方》。

類證普濟本事方十卷坊本。又舊鈔《本事方》十卷《補遺》三卷，乾隆間毛德宏校補鈔本。

宋許叔微撰。

傷寒九十論一卷琳琅祕室活字印本。

宋許叔微撰。《提要》以爲未見傳本。

雞峰普濟方三十卷 舊無傳本，道光戊子汪士鐘得南宋刊本仿雕。中闕二、三、六、八共四卷。

衛濟寶書二卷 藝海樓依閣本鈔。

題「東軒居士撰」。

大醫局程文格九卷 藝海樓依閣本鈔。

不著編輯者名氏。

産育寶慶方二卷 閣本依鈔。又《函海》刊本。

不著撰人名氏。

集驗背疽方一卷 藝海樓依閣本鈔。

宋李迅撰。

濟生方八卷 藝海樓依閣本鈔。此書與《脚氣治法》、《濟生方》、《集驗背疽方》、《衛濟寶書》、《太醫局諸科程文格》共爲一函。

宋嚴用和撰。

産寶諸方一卷 依閣本鈔。又刊本。

不著撰人名氏。

素問病機氣宜保命集三卷 坊刊。

金張元素撰，舊題「劉完素」者誤。

推求師意二卷 鈔本，題「新安汪機省之嘉靖甲午七月序」。

明戴原禮撰。

薛氏醫案七十八卷 刊本。

明薛己撰。

赤水元珠三十卷 刊本，附《醫案》五卷。

明孫一奎撰。

醫旨緒餘二卷 刊本。

明孫一奎撰。

證治準繩一百二十卷 明刊本。内計《準繩》八册、《傷寒》八册、《外科》六册、《女科》五册、《幼科》九册、《類方》八册，共九十本。

明王肯堂撰。

雷公炮製藥性解三卷 坊本。

舊本題「明李中梓撰」。入《存目》。宋雷斅《炮炙》已見晁氏《書目》。

本草綱目拾遺十卷 舊鈔本。

錢塘趙學敏撰。拾李時珍之遺，首又有《正誤》一卷，《自序》題「庚寅仲春」，則順治七年也。

類經三十二卷 明刊本。

明張介賓編。

瘟疫論二卷補遺一卷 依閣本鈔。又刊本。

明吴有性撰。

廣瘟疫論五卷 舊鈔本。又刊本。

國朝上元戴天章撰。康熙間人。

原病集六卷 崇禎六年刊本。

明嘉定唐椿集。

泰西人身説概二卷 舊鈔本。卷首有「徐炯珍藏秘笈」、「南陽學子」、「徐子晉」諸印。又一部，天石樓抄本。

明末西士鄧玉函撰。

人身圖説二卷　舊鈔本。卷首印章同前。又一部，天石樓鈔本。有硃筆校勘。

明末西士羅雅谷撰。

東醫寶鑑二十三卷，目録二卷　乾隆癸未坊本。

明朝鮮許浚奉教撰。

張氏醫通十六卷　刊本。

國朝張璐撰。入《存目》。

傷寒纘論二卷，緒論二卷，本經逢源四卷，診宗三昧一卷　刊本。

國朝張璐撰。入《存目》。

濟陰綱目十四卷 刊本。

國朝武之望撰，附汪洪度《保生碎事》一卷。入《存目》。

瘟疫明辨四卷

國朝鄭奠一撰。

異授眼科一卷 刊本。

題「忠孝堂原本」。

喉證金科二卷，補遺一卷 刊本。

燕山竇氏原本，雲陽朱翔宇嗣輯。

喉科指掌一卷 乾隆丁丑刊本。

國朝張宗良撰。

本經疏證十二卷，本經序疏要八卷，本經續疏六卷 刊本。

武進鄒澍學撰。

大生要旨五卷 刊本。

咸豐七年上海唐千頃撰。

良方集腋二卷 刊本。

同治癸亥謝元慶編。

寶命真詮四卷 刊本。

國朝吴楚天士撰。每卷各分上下。《輔孝兩書》之一也。

右醫家類。

子部六

天文算法類

周髀算經二卷，音義一卷 聚珍板本。又《津逮祕書》刊本。又微波榭刊《東原遺書》本。

是書爲相傳古本，莫知誰作。其算法爲句股之祖，其推步即蓋天之術，歐羅巴法實從此出。《注》爲趙爽作。《隋志》作「趙嬰」，未詳孰是。

星經二卷《漢魏叢書》刊本。

漢石申撰。入《存目》。

六經天文編二卷附《玉海》刊本。

宋王應麟撰。

重修革象新書二卷刊本，有校。

元趙友欽撰，明王禕删定。

天問略一卷萬曆己卯刊本。

明西洋陽瑪諾撰。

月離四卷，月離表四卷 精抄本，圖尤細密，陳鱣手校。

泰西羅雅谷撰。按：《西洋曆法新書》中有此子目。

曆體略三卷 舊抄本。各圖甚精。陳鱣藏。有「慎修」、「仲魚」諸印。

明王英明撰。

欽定曆象考成四十二卷 内府刊本。

康熙五十二年聖祖仁皇帝御定《律曆淵源》之第一部也。

欽定曆象考成後編十卷 内府刊本。

乾隆二年奉敕撰。

欽定儀象考成三十二卷 内府刊本。

乾隆九年奉敕撰。

欽定儀象考成續編三十二卷 内府刊本。

道光年間奉敕撰。

曆象本要一卷 《安溪全書》刊本。

國朝李光地撰。

天學疑問一卷 舊抄本，有校。

國朝梅文鼎撰。

三統術衍三卷，鈐一卷 刊本。

國朝錢大昕撰。

右天文算法類推步之屬。

九章算術九卷 聚珍板本。又《東原遺書》刊本。

不著撰人名氏。

孫子算經三卷 聚珍板本。又《東原遺書》刊本。

不著撰人名氏，疑漢魏人所述。

術數記遺一卷《津逮祕書》刊本。又《東原遺書》刊本。

舊本題「漢徐岳撰，北周甄鸞注」。

海島算經一卷聚珍板本。又《東原遺書》刊本。

晉劉徽撰，唐李淳風註。

五曹算經五卷聚珍板本。又《戴東原遺書》刊本。

不著撰人名氏。

夏侯陽算經三卷聚珍板本。又《東原遺書》刊本。

舊本題「夏侯陽撰」。

張邱建算經三卷《東原遺書》刊本。

舊本題「張丘建撰」。

五經算術二卷 聚珍板本。又《東原遺書》刊本。

北周甄鸞撰，唐李淳風注。

緝古算經一卷《東原遺書》刊本。又《函海》刊本。又敦仁《細草》三卷，刊本。

唐王孝通撰并自注。

數學九章十八卷 道光中郁氏宜稼堂刊本。附《札記》四卷，題《數書九章》。

宋秦九韶撰。

詳解九章算法一卷，算類一卷 宜稼堂刊本。附《札記》。

元楊輝撰。

田畝比類乘除捷法二卷，算法通變本末三卷，續古摘奇算法一卷 宜稼堂刊本。附《札記》。

元楊輝撰。

四元玉鑑細草二十二卷 道光甲申刊本。

元朱世傑撰，道光間羅士琳細草。

算學啓蒙三卷 刊本。

元朱世傑撰，道光間羅士琳校。附《識誤》一卷、《後記》一卷。

籌算一卷 舊抄本。汪啓淑藏。有「啓淑」、「訒庵」、「徐氏子晉」諸印。

明末西士羅雅谷撰。

欽定數理精藴五十三卷 内府刊本。

康熙十三年聖祖仁皇帝御定《律曆淵源》中第三部也。

數度衍二十四卷，附録一卷 刊本。

國朝方中通撰。

少廣補遺一卷 抄本。卷末有「慶餘」、「心齋」、「疇人子弟」諸印。

國朝陳世仁撰。

續增新法比例四十卷舊抄本。何元錫夢花館藏。

國朝陳厚耀撰。闕卷凡十八。卷一之六、卷十三、卷十八、卷二十、卷二十二、卷三十一、三十二、卷三十四之三十九。

策算一卷，勾股割圜記一卷，原象二卷，續天文略一卷《東原遺書》刊本。

國朝戴震撰。

幾何體論一卷舊鈔本。卷後有「慶餘」、「心齋」諸印。

國朝嘉定孫元化撰。立二十四題。

幾何用法一卷抄本。卷後題「道光己酉春，烏程程慶餘校讀一過」。有「慶餘」、「疇人子弟」諸印。

國朝孫元化撰。

鈍硯巵言一册〔四〕道光戊申刊本。

國朝錢綺撰。論算理、算器。

衡齋算學七卷，附遺書九卷刊本。

國朝汪萊撰。

求一算術三卷刊本。

國朝張敦仁撰。

疇人傳四十六卷嘉慶四年刊本。

國朝阮元撰。

李氏遺書十二種十八卷 道光癸未刊本。

國朝李銳撰。

翠微山房叢書十五種四十五卷 嘉慶庚辰刊本。

國朝張作楠撰。

弧三角算例一卷

演元九式一卷

臺錐積演一卷

弧矢算術補一卷

無專鼎銘考一卷

并國朝羅士琳撰刊。

明静菴割圜密率捷法四卷

代數學十三卷 咸豐己未墨海堂活字印本。

國朝咸豐中海寧李善蘭筆受，英吉利偉烈亞力口譯，棣麼甘撰本。

談天十八卷 咸豐己未墨海堂活字印本。

國朝李善蘭删述，英國偉烈亞力口譯，侯失勒原本。

代微積拾級十八卷 咸豐己未墨海堂刊行。

國朝李善蘭筆述，英國偉烈亞力口譯，米利堅羅士密撰本。

幾何原本十五卷 同治四年合刊于金陵。

其前六卷，即明徐光啓筆授于利瑪竇，收入《四庫》者；其七至十五九卷則今李善蘭筆受于西人偉烈亞力口譯者。

重學十二卷 同治五年刊本。

國朝李善蘭筆述，英國艾約瑟口譯，胡威立撰本。

圜錐曲綫説三卷 刊本。

亦李善蘭筆述，艾約瑟口譯本，附刊《重學》後。

則古昔齋算學十三種二十四卷同治五年刊本。

國朝李善蘭撰。

右天文算法類算書之屬。

子部七

術數類

太玄經十卷明刊本。又一部，亦明刊，附《釋音》一卷。又侯芭、虞翻等《釋文》一卷。

漢楊雄撰。

王涯説玄五篇一卷舊鈔本。顧廣圻藏。

唐王涯纂。

元包五卷，附元包數總義二卷 《津逮祕書》刊本。

後周衛元嵩撰，唐蘇源明傳，李江注，宋韋漢卿釋音，其《總義》二卷則張行成所補撰也。

皇極經世索隱二卷 依閣本鈔。

宋張行成撰。

正易心法一卷 《津逮祕書》刊本。

宋麻衣道者撰。入《存目》。

翼元十二卷 《函海》刊本。

宋張行成撰。入《存目》。

易學一卷 通志堂刊本。

宋王湜撰。

大衍索隱三卷 藝海樓依閣本鈔。

宋丁易東撰。

易象圖説内篇三卷，外篇三卷 通志堂刊本。

元張理撰。

右術數類數學之屬。

五行大義五卷 嘉慶己未，日本人以活字印入《佚存叢書》。徵引秘緯，多亡逸之帙。

隋蕭吉撰。

唐開元占經一百二十卷 刊本。

唐開元中太史監瞿曇悉達奉敕撰。

譙子五行志五卷 舊鈔本。卷首曹溶題云：「此秘册也，爲明初人手抄，曾經方孩未先生鑒定，字法深得唐人遺意」等語。又，卷末方震孺題「天啓甲子夏讀三復，并抄傳一部」云云。有「震孺」、「翁方綱」、「覃溪」、「王芑孫」、「蓉鏡引意」諸印。又一部，亦舊抄本，李兆洛藏。有「兆洛鑒定」、「申耆」諸印。

唐濮陽夏撰。《新唐書》、《崇文總目》、《遂初堂》皆著録。

觀象玩占四十八卷，拾遺一卷 舊抄本，有校勘。

題唐李淳風撰。入《存目》。

乾坤變異録一厚册 述古堂藏舊鈔本，有黄丕烈手跋。又有「惠棟定宇紅豆山房所收善本」、「池北書庫收藏」諸印。

題唐李淳風撰。

通占大象曆星經二卷 《津逮祕書》刊本。

不著撰人姓名。入《存目》。附唐人後。

乾象通鑑一百卷 舊鈔本。卷首有五松居士手跋。又有「孫忠愍侯祠堂藏書」、「孫星衍」、「楊振藩」、「蕉林逸史」諸印。

宋河間府免解進士李季奉旨撰進。建炎二年，高宗賜序。所引黄帝、甘石、巫咸諸占皆具，有可補開元古經之漏者。其書惟見《讀書敏求記》著録。

天鏡一册 舊鈔本。《後序》頗爲荒誕不經，未可盡信。有「廣堪齋」、「畢瀧澗飛藏書」諸印。

題周文郁撰。其《後序》云：「授之雲水木强老人，言行軍占驗。」末署「崇禎癸未」。

天文大成管窺輯要八十卷 順治壬辰序刊本。

國朝黄鼎撰。入《存目》。

右術數類占候之屬。

葬經一卷《津逮祕書》刊本。附繆希雍《葬經翼》一卷、《葬圖》一卷、《葬經内篇》一卷、《難解二十四篇》一卷。

題「青烏先生撰」。入《存目》。

靈城精義二卷 閣本依鈔。

舊本題「南唐何溥撰，明劉基註」。

催官篇二卷 閣本依鈔。

舊本題「宋賴文俊撰」。即術家所謂「賴布衣」也。

發微論一卷 閣本依鈔。

宋蔡元定撰。

地理新書十五卷 金明昌刊本。黄丕烈、汪士鐘均藏。有「汪閬原」、「士禮居」諸印。

宋官撰。宋初，因唐吕才叔《陰陽書》中地理八篇增輯爲《乾坤寶典》。景祐初，命修正舛戾，别成三十篇，賜名《地理新書》。皇祐三年，詔王洙等勾管删修，事具洙《進書序》。金世宗大定甲辰，平陽畢履道校正，爲之圖解，章宗明昌壬子，古戴鄙夫張謙復爲精校刊行。《四庫》未收，各家書目未見著録，亦術數家古笈僅存者矣。

地理五種秘竅十七卷 坊本。

明甘霖撰。五種者：《奇門一得》一，《通書秘竅》二，《地理秘竅》三，《天星秘竅》四，《羅經秘竅》五。

卜兆真機四卷 咸豐元年刊本，康熙丁丑自序。

國朝吴楚撰。《輔孝兩書》之一。

陽宅要覽三卷 坊本。雍正三年《自序》。

題「西吴弁山念道人輯」。

秘本通玄靈鬼經二卷　坊本。

未詳撰人。

地理四祕全書十二種□□卷　坊本。

國朝尹一勺撰。

右術數類相宅相墓之屬。

靈棋經二卷　明刊本。又長恩書室刊本。

舊本題「漢東方朔撰」。

易林十六卷　《津逮祕書》刊本。又《漢魏叢書》刊本。

漢焦延壽撰。

京氏易傳三卷《津逮祕書》刊本。又《漢魏叢書》刊本。

漢京房撰。

六壬大占一卷傳望樓刊本。

宋祝祕撰。

右術數類占卜之屬。

玉照定真經一卷閣本依鈔。

舊本題「晉郭璞撰，張容註」。

星命溯源五卷閣本依鈔。

不著撰人名氏。

三命指迷賦一卷 閣本依鈔。

舊本題「宋岳珂補註」。

星命總括三卷 閣本依鈔。

遼耶律純撰。

演禽通纂二卷 閣本依鈔。

不著撰人名氏。

星學大成十卷 刊本。

明萬民英撰。

星學綱目正傳二十卷，首總括圖三卷，玉井奥訣一卷，玉照神經一卷，末圖説二卷 萬曆壬午自序刊本。

明楊淙撰。

三命通會十二卷 刊本。

不著撰人名氏。

月波洞中記二卷 《函海》刊本。

原本稱老子題於太白月波洞壁，唐任逍遥得之，因以爲名。

玉管照神局三卷 閣本依鈔。

舊本題「南唐宋齊丘撰」。

太清神鑑六卷

舊本題「後周王朴撰」。

麻衣相法三卷 坊本。

題「麻衣道者撰」。

右術數類命書相書之屬。

黃帝授三子玄女經一卷 《津逮祕書》刊本。又平津館刊本。

疑術家依托。入《存目》。

六壬五變中黃經法二卷 舊鈔本。

不著撰人。入《存目》，附元人後。

遁甲奇門要略一卷 鈔本。

未詳撰人。入《存目》。

奇門五總龜四卷，附烟波釣叟歌一卷 坊本。

《總龜》題「郭通直所傳」，《釣叟歌》題「宋趙普撰，羅通遁法，明池紀編解」。

三元選擇集要六卷 刊本。

明黄一鳳撰。

欽定選擇曆書十卷 抄本，即《萬年曆書》。

康熙二十三年奉敕撰。

欽定協紀辨方書三十六卷 内府刊本。

乾隆四年莊親王允禄等奉敕撰。

易林補遺四卷 坊本。

國朝張世寶撰。

永寧通書十二卷 刊本。康熙辛卯《自序》

國朝王維德撰。

夢占逸旨八卷 《歸雲别集》刊本。

明陳士元撰。

字觿六卷 粵雅堂刊本。

國朝周亮工撰。

右術數類陰陽五行之屬。

子部八

藝術類

古畫品録一卷《津逮秘書》刊本。

南齊謝赫撰。

書品一卷《漢魏叢書》刊本。

梁庾肩吾撰。

續畫品一卷《津逮秘書》刊本。

陳姚最撰。

貞觀公私畫史一卷坊本。

唐裴孝源撰。

書譜一卷明刊本。又一部，附趙凡夫所藏《書法鈎玄》内。

唐孫過庭撰。

法書要録十卷《津逮秘書》刊本。

唐張彦遠撰。

歷代名畫記十卷《津逮秘書》刊本。

唐張彦遠撰。

後畫録一卷《津逮秘書》刊本。

唐釋彦悰撰。入《存目》。

續畫品録一卷《津逮秘書》刊本。

唐李嗣真撰。入《存目》。

墨藪二卷，附法帖釋文刊誤一卷閣本依鈔。

舊本題「唐韋續撰」。

圖畫見聞志六卷《津逮秘書》刊本。

宋郭若虚撰。

續書斷二卷 明刊本。又一部，附趙凡夫所藏《書法鈎玄》内。

宋朱長文撰。長文既爲《墨池編》，以張懷瓘書自開元以來未有紀録，而唐初諸公或闕略未嘗立傳，用其例，綴所聞見，自唐興至熙寧間以續之，熙寧七年八月自序。

德隅齋畫品一卷《文房小説》刊本。

宋李廌撰。

畫史一卷 宋刊本，葉文莊故物也。購、貞、徵、殷等字皆缺筆。卷末何義門《跋》：「康熙癸巳蔣生子範持贈。」子範，名棟，義門弟子也。有「葉氏藏書」、「顧武保」、「陳彦和」、「髯長淑美過眼」諸印。又《津逮秘書》刊本。

宋米芾撰。

宣和畫譜二十卷《津逮秘書》刊本。

不著撰人名氏。

宣和書譜二十卷《津逮秘書》刊本。

不著撰人名氏。

廣川書跋十卷《津逮秘書》刊本。又一部。

宋董逌撰。

畫繼十卷《津逮秘書》刊本。

宋鄧椿撰。

續書譜一卷明刊，附孫《譜》本。才十一條，不分篇，殆未全。

宋姜夔撰。

寶真齋法書贊二十八卷聚珍板本。

宋岳珂撰。

金壺記上中下三卷

鈔本。吴翌鳳藏本。後有手跋。

宋僧適之撰。入《存目》。

書法鉤玄四卷

元刊本。眉端丹黄批抹，皆趙頤光手蹟也。後有草篆書「萬曆壬子仲春二日胡蝶侵閣」云云。有「吴郡趙頤光家經籍」、「寒山」、「梁鴻墓下」、「陳琦飛黄松齋」、「顧曾壽」諸印。又一部，有「毛晉印」及黄丕烈手跋。

元蘇霖撰。入《存目》。凡夫居寒山，去梁鴻墓不遠。昔有梁方伯來吴，求鴻墓不得，因而遥祭。若見此書，便當于寒山一角求之。

古今集論字學新書七卷

抄校本。與《書法鉤玄》共一册。

元劉維志編。是書《存目》僅録《摘要》一卷，而未收此七卷之本，斯亦古書待傳之一，附本《書法鉤玄》，草書，則鐵硯齋手抄也。古健雅秀，真可寶貴。

字學新書摘鈔一卷 舊抄本。與楊慎《墨池瑣録》同册。

元劉維志撰。入《存目》。

圖繪寶鑑五卷續編一卷 《津逮秘書》刊本，六卷，《補遺》一卷。

《圖繪寶鑑》，元夏文彦撰；《續編》，明韓昂撰。

寓意編一卷 刊本。又一部，亦刊本。

明都穆撰。

墨池瑣録四卷 澹生堂舊鈔本。與《字學新書》《群書麗句》《經子難字》同册。有「淮陽張氏宗素堂」、「張凱次柳」、「二樹書畫」諸印。又《函海》刊本。

明楊慎撰。慎又有《法帖神品目》一卷，附《名畫神品目》，又《升庵書品》一卷，《升庵畫品》一卷，并《函海》刊本。

書訣一卷 閣本依鈔。

明豐坊撰。

竹嬾畫媵一卷，續畫媵一卷〔五〕

江村銷夏録三卷 刊本。

國朝高士奇撰。

石渠隨筆八卷 阮元刊本。又粤雅堂刊本。

國朝阮元撰。記内殿所藏書畫。

國朝畫徵録三卷，續録二卷 刊本。

國朝張庚撰。入《存目》。

國朝畫識十七卷，墨香居畫識十卷 刊本。

國朝南匯馮金伯治堂撰。

草聖彙辨四卷 刊本。

國朝白芬編，朱宗文摹辨。

右藝術類書畫之屬。

琴操二卷　平津館刊本。

漢蔡邕撰。

楊西峰琴譜八卷　明刊本。有「敦仁堂徐氏藏書」、「曾在東山徐復庵處」等印。又一部，亦明刊本，字墨古雅。

明楊表正撰。《存目》有表正《琴譜大全》十卷，疑即一書，而詳略異耳。

右藝術類琴譜之屬。

集古印譜五卷，印正附説一卷　萬曆庚辰自序刊本。

明秣陵甘暘撰。

東皋印人傳一册 抄本。道光十年自序。

國朝黄學圯楚橋撰。

右藝術類篆刻之屬。

五木經一卷《津逮秘書》刊本。

唐李翱撰。入《存目》。

丸經二卷《津逮秘書》刊本。

不著撰人名氏。入《存目》。

打馬圖經一卷 粤雅堂刊本。

宋李清照撰。

右藝術類雜技之屬。

子部九

譜録類

古今刀劍録一卷《漢魏叢書》刊本。

舊本題「梁陶弘景撰」。

鼎録一卷《文房小説》刊本。又《漢魏叢書》刊本。

舊本題「梁虞荔撰」。

考古圖十卷，續圖五卷，釋文一卷 宋刊本。寶古堂重修，十卷。有「文淵閣印」，想曾藏明内府者。又有「豫園主人」、「日涉園」、「雲間朱氏」、「樂安燕玉收藏」諸印。

宋吕大臨撰。筆畫深秀，圖尤精細，此宋刻中無上上品也。

紹興内府古器評二卷《津逮秘書》刊本。

宋張掄撰。入《存目》。

泉志十五卷《津逮秘書》刊本。又一部。

宋洪遵撰。入《存目》。

錢幣譜一卷《閭邱辨囿》刊本。

元費著撰。

玉名詁一卷《函海》刊本。

明楊慎撰。

欽定西清古鑑四十卷刊本，闕。

乾隆十四年奉敕撰。

文房四譜五卷精鈔本。《跋》云：「乾隆丙午，借醉經樓黄椒升藏本鈔。」有「醉經樓」、「椮雲」諸印。又一舊鈔本，校勘甚爲精密，有「高象南」、「毛褒」、「華伯」、「信古樓」收藏諸印。

宋蘇易簡撰。

墨經一卷《津逮秘書》刊本。

宋晁季一撰。

墨法集要一卷聚珍板本。

明沈繼孫撰。

吉金所見録十六卷舊鈔本。

國朝初尚齡撰。記歷代布錢。

竹里秦漢瓦當文存二卷刊本。

國朝王福田編。

右譜録類器物之屬。

品茶要録一卷閣本依鈔。

宋黄儒撰。

膳夫經手録一卷抄本。又《閭邱辨囿》刊本。

唐楊華撰。

右譜録類飲饌之屬。

唐昌玉蘂辨正一卷《津逮秘書》刊本。又汲古閣刻本，附在《歲華紀麗》後。

宋周必大撰。入《存目》。

竹譜一卷《漢魏叢書》刊本。

晉戴凱之撰。

雞冠花譜 一作《雲鳳英譜》。抄本。

題「秋色主人撰」。康熙己卯仲秋序。

異魚圖贊四卷《函海》刊本，有《補》一卷。

明楊慎撰。

右譜録類草木蟲魚之屬。

子部十

雜家類

墨子十五卷 經訓堂校刊注本，十五卷。又明茅坤刊本，六卷。

舊本題「周墨翟撰」。

鶡冠子三卷 聚珍板本。又明刊本，闕下卷。

楚隱士撰。

呂氏春秋二十六卷 明天啓丁卯刊本。又經訓堂刊本，乾隆癸丑朱邦衡秋崖以惠半農批本校過。

舊本題「秦呂不韋撰」。

尸子二卷 平津館刊本。又一刊本。

淮南子二十一卷 《十子全書》刊本。又明刊套印評點本。又《漢魏叢書》刊本。

漢淮南王劉安撰，高誘註。

淮南天文訓補注二卷 乾隆五十三年刊本。又一鈔本。

國朝錢塘撰。

天禄閣外史八卷 《漢魏叢書》刊本。

題「漢黄憲撰」。入《存目》。

牟子一卷 平津館刊本。

人物志三卷 《漢魏叢書》刊本。

魏劉卲撰，北魏劉昞註。

金樓子六卷 閣本依鈔。

梁孝元皇帝撰。

劉子十卷 《漢魏叢書》刊本，題《新論》。

是書疑唐袁孝政所僞作。

顔氏家訓二卷《漢魏叢書》刊本。

唐顔之推撰。

長短經九卷《函海》本，删《注》刊。

唐趙蕤撰。

化書六卷即《齊丘子》。明天啓中刊本。又一明刊本，有「張孝安」、「蘇台逸史」諸印。

南唐譚峭撰。

芻言三卷《函海》刊本。

宋崔敦禮撰。

樂庵遺書四卷 舊鈔本。題《樂庵語録》五卷。

舊本題「宋李衡撰」。其門人龔昱編。

芻蕘奥論二卷 粵雅堂刊本。

宋張方平撰。

家訓筆録一本 舊鈔本。

宋趙鼎撰。

經鉏堂雜志八卷 舊鈔本。

宋倪思撰。入《存目》。

几上語一卷，枕上語一卷舊鈔本。

宋施清臣撰。入《存目》。

胡子知言六卷，疑義一卷粤雅堂刊本。

宋胡宏撰。

厚德録四卷《稗海》刊本。

宋李元綱撰。入《存目》。

樂善録二卷《稗海》刊本。

宋李昌齡撰。入《存目》。

叔苴子内篇六卷，外篇二卷 粤雅堂刊本。

明莊元臣撰。

金罍子上篇十二卷，下篇十二卷 萬曆丙午刊本。

明陳絳撰。入《存目》。

賓子紀聞類編四卷 萬曆庚辰刊本。

明賓文照撰。入《存目》。

不得已二卷 舊鈔本。

國朝楊光先撰。極論天主教之謬，且糾西法推步之失。此其略本也。

野獲二卷 刊本。

載楊光先二疏爲一卷，其《正陽忠告》爲一卷。

植物學八卷 咸豐戊午刊本。

國朝李善蘭譯泰西人書驗植物生長之變，爲圖説以明之。

文學正路上、中、下三卷 日本刊本。

嘉慶六年日本豐幹撰。論讀經及諸子。

右雜家類雜學之屬。

白虎通義四卷《古今逸史》刊本，二卷。又《漢魏叢書》刊本。

漢班固撰。

獨斷二卷《古今逸史》刊本。又《漢魏叢書》刊本。

漢蔡邕撰。

古今注三卷，附中華古今注三卷《古今逸史》刊本。又《文房小説》刊本，僅《古今註》。又《漢魏叢書》刊本。

《古今注》，晉崔豹撰；《中華古今注》，五代馬縞撰。

資暇集三卷舊抄本，有「顧嗣立」、「秀野草堂」、「顧氏藏書」諸印。又《文房小説》刊本。

唐李匡乂撰。

刊誤二卷《古今逸史》刊本。

唐李涪撰。

蘇氏演義二卷《函海》刊本。

唐蘇鶚撰。

東觀餘論二卷《津逮秘書》本。

宋黄伯思撰。

猗覺寮雜記二卷聚珍板本。

宋朱翌撰。

能改齋漫録十八卷 聚珍板本。又舊鈔本，校勘甚精。

宋吴曾撰。

雲谷雜記四卷 聚珍板本。又一部。

宋張淏撰。

西溪叢語二卷《津逮秘書》刊本。又《稗海》刊本，止二卷。

宋姚寬撰。

學林十卷 聚珍板本。

宋王觀國撰。

容齋隨筆十六卷，續筆十六卷，三筆十六卷，四筆十六卷，五筆十卷 刊本。

宋洪邁撰。

考古編十卷 《函海》刊本。

宋程大昌撰。

演繁露十六卷，續演繁露六卷 明萬曆丁巳刊本。

宋程大昌撰。

甕牖閒評八卷 聚珍板本。

宋袁文撰。

芥隱筆記一卷《津逮秘書》刊本。

宋龔頤正撰。

野客叢書三十卷，附野老記聞一卷《稗海》刊本。

宋王楙撰。

考古質疑六卷聚珍板本。

宋葉大慶撰。

經外雜鈔三卷舊鈔本，甚善。季振宜、毛晉均藏。有「滄葦」、「子晉」諸印。

宋魏了翁撰。

賓退録十卷 刊本。

宋趙與旹撰。

學齋佔畢四卷 《稗海》刊本。

宋史繩祖撰。

朝野類要五卷 聚珍板本。又舊抄本，有「朱高濬字麗中，一字桐廬」印。

宋趙昇撰。

搜采異聞集三卷 《稗海》刊本。

宋宋永亨撰。入《存目》。

丹鉛餘録十七卷，續録十二卷，摘録十三卷，總録二十七卷 明嘉靖甲寅刊本，藍印。有「慶善淑美」、「尚友齋」諸印。

明楊慎撰。三録皆所自編；《總録》，則其門人梁佐編也。

丹鉛雜録十卷《函海》刊本。

明楊慎撰。

譚苑醍醐九卷《函海》刊本，八卷。

明楊慎撰。

兩山墨談十八卷 嘉靖乙亥刊本。

明陳霆撰。

通雅五十二卷 刊本。

明方以智撰。

日知録三十二卷 康熙乙亥刊本。

國朝顧炎武撰。

日知録之餘四卷 舊抄本。梁蕉林藏。

國朝顧炎武撰。

日知録集釋三十二卷 道光甲午刊本。

國朝嘉定黄汝成撰。

授書隨筆十七卷 舊鈔本。

國朝黃宗羲撰。

藝林彙考二十四卷 康熙癸卯刊本。

國朝沈自南撰。

松崖筆記三卷 道光壬午刊本。

國朝惠棟撰。

蛾術編八十二卷 道光辛丑刊本。

國朝王鳴盛撰。

緒言三卷粤雅堂刊本。

國朝戴震撰。

識小編二卷刊本。

國朝董豐垣撰。

十駕齋養新録二十卷，餘録三卷刊本。

國朝錢大昕撰。

溉亭述古録二卷嘉慶三年刊本。

國朝錢塘撰。

庭立紀聞四卷 刊本。

國朝梁學昌記其父玉繩之語。

右雜家類雜考之屬。

論衡三十卷《漢魏叢書》刊本。

漢王充撰。

風俗通義十卷，附録一卷《古今逸史》刊本。又《漢魏叢書》刊本。

漢應劭撰。

封氏聞見記十卷 乾隆十五年秦贊刊本。又雅雨堂刊本。

唐封演撰。

東原録一卷 《函海》刊本。

宋龔鼎臣撰。

王氏談録一卷 依閣本鈔。

宋王欽臣撰。

夢溪筆談二十六卷，補筆談二卷，續筆談一卷 《津逮秘書》刊本。又一單刊本。又《稗海》刊本。

宋沈括撰。

仇池筆記二卷 閣本依鈔。

舊本題「宋蘇軾撰」。

東坡志林五卷《稗海》刊本，十二卷。盧抱經謂其差善。

舊本題「宋蘇軾撰」。

冷齋夜話十卷《稗海》刊本。又《津逮秘書》刊本。

宋釋惠洪撰。

曲洧舊聞十卷 刊本。顧廣圻所藏。以惠棟校勘録入。有「顧千里」印。

宋朱弁撰。

蒙齋筆談二卷《稗海》刊本。

宋鄭景望撰。入《存目》。

捫蝨新話十五卷《津逮秘書》刊本。

宋陳善撰。入《存目》。

嬾真子五卷《稗海》刊本。

宋馬永卿撰。

春渚紀聞十卷《津逮秘書》刊本。

宋何薳撰。

石林燕語十卷，考異一卷《稗海》刊本。

《石林燕語》，宋葉夢得撰；《考異》，宇文紹奕撰。

避暑録話二卷《稗海》刊本。又《津逮祕書》刊本。又道光乙巳葉鍾刊本。

宋葉夢得撰。

巖下放言三卷舊鈔本。

宋葉夢得撰。

却掃編三卷《津逮秘書》刊本。

宋徐度撰。

紫微雜説一卷 閣本依鈔。

宋呂本中撰。

辨言一卷 閣本依鈔。

宋員興宗撰。

墨莊漫録十卷 《稗海》刊本。

宋張邦基撰。

東園叢説三卷 舊鈔本。有「秦恩復」、「石硯齋」、「秦氏藏書」諸印。

舊本題「宋李如篪撰」。

螢雪叢説二卷《稗海》刊本。

宋俞成撰。入《存目》。

宜齋野乘一卷《文房小説》刊本。

宋吴枋撰。入《存目》。

鶴山筆録一卷《函海》刊本。

宋魏了翁撰。入《存目》。

常談一卷《函海》刊本。

宋吴箕撰。

雲麓漫鈔十五卷《函海》刊本，十卷。

宋趙彦衛撰。

游宦紀聞十卷《稗海》刊本。

宋張世南撰。

澗泉日記三卷聚珍板本。

宋韓淲撰。

老學菴筆記十卷，續筆記二卷《稗海》刊本。又《津逮秘書》刊本。

宋陸游撰。

祛疑説一卷《稗海》刊本。

宋儲泳撰。

鶴林玉露十六卷明單刊本。又《稗海》刊本。

宋羅大經撰。

貴耳集一卷，二集一卷，三集一卷《津逮秘書》刊本。

宋張端義撰。

藏一話腴四卷閣本依鈔。

宋陳郁撰。

佩韋齋輯聞四卷　錢竹汀所手鈔。

宋俞德鄰撰。

書齋夜話四卷　閣本依鈔。

宋俞琬撰。

齊東野語二十卷　《稗海》刊本。又《津逮秘書》刊本。又照曠閣刊本。

宋周密撰。

志雅堂雜鈔一卷　粵雅堂刊本。

宋周密撰。入《存目》。

敬齋古今黈八卷 聚珍板本。

元李治撰。

日聞録一卷 《函海》刊本。

元李翀撰。

閒居録一卷 閣本依鈔。

元吾丘衍撰。

雪履齋筆記一卷 《函海》刊本。

元郭翼撰。

蠡海集一卷《稗海》刊本，題「宋人」。

明王逵撰。

餘冬序録六十五卷 明刊本。又精鈔本。

明何孟春撰。入《存目》。

留青日札三十九卷 萬曆元年刊本。

明田藝蘅撰。入《存目》。

湧幢小品三十二卷 明刊本。

明朱國楨撰。入《存目》。

焦氏筆乘六卷，續八卷 粵雅堂刊本。又明刊本，陳鱣藏。

明焦竑撰。入《存目》，僅八卷。

戒菴老人漫筆八卷 萬曆丁酉刊本。

明李詡撰。入《存目》。

六研齋筆記四卷，二筆四卷，三筆四卷 明刊本。

明李日華撰。

紫桃軒雜綴三卷，又綴三卷，墨君題語一卷 刊本。

明李日華撰。入《存目》，無題語。

閒閒堂會心録十六卷 鈔本。

明倪涑撰。涑爲元璐之父。此其稿本。

陶菴夢憶八卷 粤雅堂刊本。

明張岱撰。

天香閣隨筆二卷 粤雅堂刊本。

明李介撰。

説略一卷 項氏古香書屋舊鈔本。

明黄尊素撰。

物理小識十二卷 康熙甲辰刊本。

明方以智撰。

春明夢餘録七十卷 舊鈔本，甚精善。又一部，亦鈔本，與前本幾異十之二三，似係當時稿本。

國朝孫承澤撰。

俟解一卷，噩夢一卷，黄書一卷，識小録一卷 湘鄉刊本。

國朝王夫之撰。

棗林外索二卷 舊鈔本，陳鱣藏。

國朝談遷撰。

居易録三十四卷刊本。

國朝王士禛撰。

蒿庵閒話二卷粤雅堂刊本。

國朝張爾岐撰。

交翠軒筆記四卷道光十六年刊本。

國朝嘉興沈濤撰。

右雜家類雜説之屬。

觀」、「仲魚」諸印。

東坡先生物類相感志十八卷 陳鱣依知不足齋藏嘉靖姚氏本過鈔。有「海寧陳鱣

宋初僧贊寧撰。仲魚《跋》云：「此書因有『東坡』二字，世多以爲僞。然安知贊寧不一號『東坡』乎」等語，似亦近理。惟其書疏證詳明，有條不紊，誠有可取。明《眉公祕笈》止刊其半，此足本也。晁氏《讀書志》、馬氏《通考》皆載之。入《存目》。

雲煙過眼録四卷，續録一卷 元人舊鈔本。有「玉磬山房」、「衡山」兩印。

《雲煙過眼録》，宋周密撰；《續録》，湯允謨撰。

七頌堂識小録一卷 漱六編刊本。

國朝劉體仁撰。

右雜家類雜品之屬。

意林五卷 聚珍板本。

唐馬總撰。

卧遊録一卷 《文房小説》刊本。

宋吕祖謙撰。入《存目》。

類説六十卷 舊抄本。《類説》五十卷,《子卷》十三卷,分前後二集。

未著撰人,疑即宋曾慥編。

仕學規範四十卷 舊抄本。錢曾、汪士鐘均藏。卷末有萬曆丁未清常道人手跋,并「虞山錢遵王藏書」印。

宋張鎡編。

自警編九卷 宋刊本。所引書名猶存，可以校補時本。毛子晉藏。有「毛晉」、「子晉」諸印。

宋趙善璙編。

誠齋雜記二卷 《津逮秘書》刊本。

元林坤撰。入《存目》。

嫏環記三卷 《津逮秘書》刊本。

元伊世珍撰。入《存目》。

説郛一百二十卷 刊本。

明陶宗儀編。

續説郛四十六卷

國朝陶珽編。入《存目》。

歷代小史一百五卷 刊本。

題「明侍御李□□編」〔六〕。入《存目》。

敬由編十卷 刊本。

明合肥竇子稱編。録唐、虞至明善政可法者。

心賞編一卷 刊本。

明王象晉撰。《四庫存目》有《清寤齋欣賞編》一卷，未知即此否。

堯山堂外紀一百卷 萬曆丙午刊本。

明蔣一葵撰。入《存目》。

勝飲編十八卷 粤雅堂刊本。

國朝郎廷極撰。入《存目》。

幼學日記三册 舊鈔本。《自序》後有「嚴我斯」、「存菴」諸印。當係其底稿。

國朝嚴我斯撰。康熙庚午《自序》。

古今治平彙要□□卷 雍正七年刊本。

國朝楊朝觀撰。

一斑録五卷，附編一卷，雜述八卷 道光癸卯刊本。

國朝鄭光祖撰。

子史粹言二卷 道光丙午刊本。

國朝丁晏撰。

琳瑯冰鑑五十四卷 乾隆甲午刊本。

國朝董餘峯編。

右雜家類雜纂之屬。

鹽邑志林六十二卷 刊本。

明樊維城編。入《存目》。

呂公實政録七卷 刊本。即附《呂子遺書》内。

明呂坤撰。入《存目》。

少室山房筆叢正集三十二卷，續集十六卷 萬曆丙午刊本。

明胡應麟編。

閒署日鈔二十二卷 刊本。天啓壬戌自序。

明舒榮都輯。

鈍吟雜録十卷 刊本。

國朝馮班撰。

劉端臨先生遺書八卷 刊本。

國朝劉台拱撰。

汪子遺書六卷 嘉慶十年刊本。

國朝汪縉文撰。

右雜家類雜編之屬。

附録

漢魏叢書一百一十四種 刊本。

明程榮何鏜編。

稗海七十種 刊本。

明商濬編。

古今逸史五十五種 刊本。

明吳琯編。

顧氏文房四十家小説 刊本。

明顧元慶編。

呂子遺書八種 刊本。

明吕坤撰。

歸雲别集八種 刊本。

明陳士元撰。

津逮秘書十五集一百四十六種 刊本。又一部，何義門手自批校者。

明毛晉編。入《存目》。

顧亭林十書 刊本。

國朝顧炎武撰。

李安溪全書 刊本。

國朝李光地撰。

毛西河合集□□卷 刊本。

國朝毛奇齡撰。

王船山遺書二百八十八卷 同治四年湘鄉刊本。

國朝王夫之撰。

閻邱辨囿十五種刊本。

國朝顧嗣立編。

戴氏遺書二十四種刊本。

國朝戴震輯。

平津館叢書四十二種刊本。

國朝孫星衍校古籍并所著書。中闕《續古文苑》。

潛研堂叢書二百五十五種刊本。

國朝錢大昕撰。

佚存叢書六帙十六種刊本。

嘉慶時日本天瀑山人活字印。

十子全書刊本。

嘉慶間吴門坊本。

經均樓七種十二卷刊本。

國朝段玉裁撰。附東原二種。

拜經堂叢書十種刊本。

國朝臧鏞堂校刻古籍并所自著。

求是堂全書七種刊本。

國朝胡承珙撰。

洪北江集十種刊本。

國朝洪亮吉撰。

函海一百五十五種四十函刊本。

國朝李調元編。

經訓堂叢書二十四種刊本。

國朝畢沅校刊古籍并所著書。

涇川叢書五十六種 刊本。

國朝趙紹祖編。皆涇縣人明以來小著。

續涇川叢書七種 刊本。

國朝趙紹祖編。

别下齋叢書二十五種 刊本。

國朝蔣生沐編。

當歸草堂八種 刊本。

傳望樓金帚編六種 刊本。

粤雅堂叢書一百二十二種刊本。

咸豐三年南海伍崇曜校刊。

長恩書室叢書十八種十卷刊本。

咸豐時江西坊刊。

子部十一

類書類

古今同姓名録二卷《函海》刊本。又鈔本，吴翌鳳藏。

梁孝元皇帝撰，唐陸善經續，元葉森補。

聖賢羣輔録二卷《漢魏叢書》刊本。

晉陶淵明撰。入《存目》。

錦帶一卷《津逮秘書》刊本。

梁昭明太子撰。入《存目》。

大唐類要一百六十卷藝海樓抄本。一名《北堂書抄》。

唐虞世南撰。世所傳陳禹謨刻本，于文義難通處輒行删改，或别引他書羼入，凡唐以前亡逸之書籍此流傳者，抹殺不知凡幾。如百三十九「車總載」篇及末三卷「穴」、「泥」、「沙」、「石」四篇，皆隨條大書不立題分注者，陳刻已改成一例，而删棄至十六七。其餘攙亂顛倒，更爲指不勝屈，所謂「刻一書而其書轉亡者」也。故此抄雖多誤字，猶是虞氏原書，考證家終以此種爲貴。國初時，錢遵王、朱竹垞已極信此書之難得，至今日幾成斷種。聞莫子偲近得一抄本，未知比此何如也。

龍筋鳳髓判四卷 舊抄本。晁公武《讀書志》載此書十卷，凡百首，今止二卷七十八首。而其中又有一題二首、三首者，知殘闕久矣。有「古歡堂」、「吴枚庵校定本」、「湘舟鑑賞」諸印。

唐張鷟撰。

元和姓纂十八卷 嘉慶七年洪氏刊本。

唐林寶撰。

小名録二卷 《稗海》刊本。

唐陸龜蒙撰。

歲華記麗四卷 汲古閣刊本，後附《玉蘂辨証》。又《津逮秘書》刊本。

唐韓鄂撰。入《存目》。

古本蒙求三卷 日本《佚存叢書》刊本。

後晉李瀚撰并注。

蒙求集注二卷

晉李瀚撰。

太平御覽一千卷 嘉慶十二年揚州鮑氏刊本。

宋太平興國二年李昉等奉敕撰。

册府元龜一千卷 崇禎壬午刊本。

宋景德二年王欽若等奉敕撰。

春秋經傳類對賦一卷 通志堂刊本。

宋徐晉卿撰。

春秋左氏傳摘奇十二卷 抄本，闕。

宋胡元質撰。

職官分紀五十卷 玉玲瓏閣鈔本。朱彝尊舊藏。錢大昕手校甚詳。有「竹垞」、「秀水朱氏」、「潛采堂圖書」、「曾在汪閬原處」諸印。

宋孫逢吉撰。後有《跋》云：「此朱竹垞先生家藏本，今歸周君漪塘。所恨譌踳甚多，別無他本參校。第三十八卷錯卷，以意改正，幾于天衣無縫，不覺拊手稱快。辛亥十月，竹汀居士錢大昕識。七月借校，九十日而畢。」

錦繡萬花谷前集四十卷，後集四十卷，續集四十卷 淳熙十五年序刊本。

補侍兒小名録一卷 《稗海》刊本。

不著撰人名氏。

侍兒小名録拾遺一卷 《稗海》刊本。

宋王銍撰。入《存目》。

宋張邦畿撰。入《存目》。

續補侍兒小名録一卷 《稗海》刊本。

宋温豫撰。入《存目》。

姬侍類偶二卷 舊抄本，顧沅藏。

宋周守中撰。入《存目》。

叙古千文一卷 粵雅堂刊本。

宋胡寅撰，黄灝注。

羣書事林廣記前集卷之一，後集卷之二 宋刊本。有「陶九成」、「宋景濂藏書」諸印。

題「陳元靚編」。考《明史·藝文志稿補》，宋有陳元靚《事林廣記》十卷，蓋即其殘帙。然陶、宋二公藏書至今尚存，吉光片羽，固不得以尋常殘牘視之矣。

羣書會元截江網三十五卷 藝海樓依閣本鈔。又續得元刊本。

不著撰人名氏。

小字録一卷 閣本依鈔。

宋陳思撰。

古今合璧事類備要前集六十九卷，後集八十一卷，續集五十六卷，别集九十四卷，外集六十六卷 元刊本。初印精善。有「錢牧齋」、「季振宜藏書」諸印。又明嘉靖丙辰錫山秦氏刊本。

宋謝維新撰。

玉海二百卷，附詞學指南四卷 元刊精印本。首尾一律趙體書。刊於至元四年，又于至正十一年補正漏誤六萬字。此猶元時紙墨，真奇寶也。有「文淵閣印」，想係明時内府舊藏。又有「田耕堂」、「錢氏味夢軒」、「胡惠孚笛江」、「郁氏泰峰」諸印。

宋王應麟撰。

小學紺珠十卷 元大德刊本，明印。又《津逮秘書》刊本。又附《玉海》刊本。

宋王應麟撰。

姓氏急就篇二卷 附《玉海》刊本。

宋王應麟撰。

韻府羣玉二十卷　元延祐甲寅刊，尚屬初印善本。有「傳經堂印」。又明萬曆庚寅刊本。

元陰時夫撰。

左氏蒙求一卷　嘉慶辛酉，日本印入《佚存叢書》。

元吴化龍撰。

名疑四卷　《歸雲别集》刊本。

明陳士元撰。

姓匯四卷，姓觿十卷　《歸雲别集》刊本。

明陳士元撰。入《存目》。

太學增修聲律資用太平總類殘本二十卷 舊鈔本。有「牧齋」、「錢謙益」、「絳雲樓」諸印。

未詳編人。起卷之十八，至二十四止，存威斷、師古、符命、福禄、功德、休美、治道、政事八門，引事至《通鑑》而止，每卷首格右并有嘉靖十五年某人寫一行。

萬姓統譜一百四十六卷，附氏族博考十四卷 萬曆己卯刊本。

明凌迪知撰。

文選錦字二十一卷 萬曆丁丑刊本。

明凌迪知撰。入《存目》。

楚騷綺語六卷 萬曆丙子刊本。

明張之象撰。入《存目》。

喻林一百二十卷 萬曆中刊本。

明徐元太撰。

謝華啓秀八卷，均藻四卷，哲匠金桴五卷 《函海》刊本。

明楊慎撰。入《存目》。

古人别號録一卷 舊鈔本。《升庵集》有《名賓異號録補序》一首，未知即此否？

明楊慎撰。

羣書麗句十卷 舊鈔本。與「藝術類」《墨池璅録》共一本。

明楊愼撰。

續文獻通考二百五十四卷 刊本。

明王圻撰。入《存目》。

三才圖會一百六卷 刊本。

明王圻撰。入《存目》。

經濟類編一百卷 萬曆甲辰刊本。

明馮琦撰。

古雋考略□□卷 刊本。

明顧充撰。入《存目》。

同姓名録十二卷，録補一卷 萬曆丁巳刊本。有「水繪軒」、「湘舟」諸印。

明徐寅撰，周應賓補。

潛確類書一百二十卷 刊本。

明陳仁錫纂。

山堂肆考二百二十八卷，補遺十二卷 刊本。

明彭大翼撰。

唐類函二百卷 萬曆癸卯刊本。

明俞安期編。入《存目》。

卓氏藻林八卷 萬曆庚辰刊本。

明卓明卿撰。入《存目》。

五侯鯖十二卷 刊本。

明彭儼撰。入《存目》。

廣博物志五十卷 萬曆丁未刊本。

明董斯張撰。

策問摘要一册 舊鈔本。後載防海、驛傳、河運諸條，有爲《明史志》所不及采者，姑節取之。

未詳編人。當係明末人所述，皆明代典制也。

御定淵鑑類函四百五十卷 内府刊本。

康熙四十九年奉敕撰。

御定駢字類編二百四十卷 内府刊本，初印。

康熙五十八年奉敕撰，雍正四年告成。

御定分類字錦六十四卷 内府刊本。

康熙六十年奉敕撰。

御定子史精華一百六十卷 内府初印本。又坊刻本。

康熙六十年奉敕撰。

御定佩文韻府四百四十四卷 内府刊本。又粤東潘氏刊本。又《拾遺》一百二十卷，二部。

省軒考古類編十二卷 刊本。

康熙四十三年奉敕撰。

三才藻異三十三卷 康熙乙巳刊本。

國朝柴紹炳撰。入《存目》。

國朝屠粹忠撰。入《存目》。

五經類編二十八卷 刊本。

國朝周大章編。入《存目》。

春秋經傳類聯三十三卷 刊本。

國朝王繩曾撰，屈作梅補註。入《存目》。

廿一史四譜五十四卷 刊本。

國朝沈炳震撰。分紀元、封爵、宰執、謚法四門。

廿二史言行略二十四卷 嘉慶五年刊本。

國朝長洲過元晈輯。

疑年録四卷 舊抄本。陳鱣藏。添補甚多，皆刻本所無。又粵雅堂刊本。

國朝錢大昕編。述古來及今名人生卒年歲。

續疑年録四卷 貝氏友漢居精抄本。每條皆考其出，實爲刻本所無。有「貝香居士」、「平江貝氏文苑」諸印。又粵雅堂刊本。

國朝吴修編。

增定金壺字考十九卷，二集二十卷 刊本。

國朝田朝恒增定宋僧釋適之書〔七〕，又編《二集》以續之。

史姓韻編六十四卷 刊本。

國朝汪輝祖撰。

九史同名姓録七十二卷，遼史同名録五卷，金史同名録十卷，元史同名録二十卷，總録二卷，附録二卷，叙録一卷 嘉慶戊午刊本。

國朝汪輝祖撰。

右類書類。

子部十二

小説家類

燕丹子三卷 平津館刊本。

不著撰人。入《存目》。

漢雜事秘辛一卷《漢魏叢書》刊本。又《津逮秘書》刊本。

不著撰人。入《存目》。

飛燕外傳一卷《文房小説》刊本。又《古今逸史》刊本。又《漢魏叢書》刊本。

舊本題「漢伶元撰」。入《存目》。

西京雜記六卷《稗海》刊本。又《古今逸史》刊本。又《津逮秘書》刊本。又《漢魏叢書》刊本。

梁吴均撰。

海山記一卷，迷樓記一卷，開河記一卷《古今逸史》刊本。

不著撰人。入《存目》。

牛羊日曆一卷 顧嗣立藏書抄本。有「秀野草堂顧氏藏書印」。與《南窗紀談》同一册。

唐劉軻撰。

國史補三卷《津逮秘書》刊本。

唐李肇撰。

大唐新語十三卷《稗海》刊本。

唐劉肅撰。

次柳氏舊聞一卷《文房小説》刊本。

唐李德裕撰，一名《程史》。

劉賓客嘉話録一卷《文房小説》刊本。

唐韋絢撰。

因話録六卷《稗海》刊本。

唐趙璘撰。

兩京新記一卷 原本五卷，僅存第三卷。嘉慶己未，日本人以活字印入《佚存叢書》中。又粤雅堂刊本。

唐韋述撰。

教坊記一卷《古今逸史》刊本。又鈔本，有「古歡堂藏書」印。

唐崔令欽撰。

孫内翰北里志一卷 舊抄本。有「樸學齋」、「半查石君」諸印。

題「唐翰林學士孫棨撰」。直齋、公武皆著録。

幽閒鼓吹一卷《文房小説》刊本。

唐張固撰。

松窗雜録一卷《文房小説》刊本。

唐李濬撰。

雲溪友議三卷《稗海》本，十二卷，猶不及此三卷本之足。

唐范攄撰。

玉泉子一卷《稗海》刊本。

不著撰人名氏。

唐摭言十五卷《稗海》刊本，一卷。

五代王定保撰。

金華子二卷《函海》刊本。

南唐劉崇遠撰。

開元天寶遺事四卷《文房小説》刊本，二卷。

五代王仁裕撰。

南唐近事一卷 舊鈔本。有「金俊明」、「孝章」、「臣裒」〔八〕、「不寐道人」、「長樂」、「彭城傖父」、「馮舒」諸印。

宋鄭文寶撰。

北夢瑣言二十卷《稗海》本，不足。

宋孫光憲撰。

南部新書十卷 粵雅堂刊本。

宋錢易撰。

儒林公議二卷《稗海》刊本。

宋田況撰。

涑水紀聞十六卷 聚珍板本。又一部。

宋司馬光撰。

魏公談訓十卷 刊本。

宋蘇象先編。述其祖丞相頌遺訓〔九〕，分二十六類，三百餘事。

澠水燕談録十卷 《稗海》刊本。

宋王闢之撰。

歸田録二卷 《稗海》刊本。

宋歐陽修撰。

嘉祐雜志一卷《稗海》刊本，題「江鄰幾雜志」。

宋江休復撰。

醴泉筆録二卷舊鈔本。《四庫》録其《嘉祐雜志》，而此未收。

宋江休復撰。

青箱雜記十卷《稗海》刊本。

宋吴處厚撰。

龍川略志十卷，别志八卷《稗海》刊本。《别志》二卷。

宋蘇轍撰。

孫公談圃三卷《稗海》刊本。又道光丙午高郵刊本。又一本。

宋劉延世撰。

續世説十二卷 舊影宋抄本。《目録》後有「臨安府陳道人刊行」八字二行木記。又，後有刷印紙墨工食錢文，亦足以資考證。紹興丁丑秦果序。

宋孔平仲撰。

畫墁録一卷《稗海》刊本。

宋張舜民撰。

湘山野録三卷，續録一卷《津逮秘書》刊本。

宋釋文瑩撰。

侯鯖録八卷《稗海》刊本。

宋趙令畤撰。

東軒筆録十五卷《稗海》刊本。

宋魏泰撰。

泊宅編三卷《稗海》刊本。

宋方勺撰。

珍席放談二卷《函海》刊本。

宋高晦叟撰。

墨客揮犀十卷《稗海》刊本。

宋彭乘撰。

續墨客揮犀十卷舊鈔本。精善。紅豆山房藏。《四庫提要》疑其已逸。有「惠棟」、「定宇」諸印。

宋彭乘撰。

唐語林八卷聚珍板本。

宋王讜撰。

楓窗小牘二卷《稗海》刊本。

不著撰人名氏。

南窗記談一卷 秀埜草堂藏舊鈔本，與《牛羊日曆》同册。

不著撰人名氏。

過庭録一卷《稗海》刊本。

宋范公偁撰。

揮麈前録四卷，後録十一卷，第三録三卷，餘話三卷《津逮秘書》刊本。又單一部。

宋王明清撰。

玉照新志六卷 明刊本。

宋王明清撰。

投轄録一卷閣本依鈔。

宋王明清撰。

緑珠傳一卷，李師師外傳一卷并《霜猨集》、《梅花字字香》共一册。琳琅祕室活字本。

并失撰人。

張氏可書一卷《函海》刊本。

宋張知甫撰。

聞見前録二十卷《津逮秘書》刊本。

宋邵伯温撰。

清波雜志十二卷，别志三卷《稗海》刊本。

宋周煇撰。

雞肋編三卷 胡珽琳琅秘室活字印本。

宋莊季裕撰。

聞見後録三十卷《津逮秘書》刊本。

宋邵博撰。

北窗炙輠録一卷 吴翌鳳枚庵鈔本。校勘甚精。

宋施德操撰。德操殁後，學者私謚爲「持正先生」。

桯史十五卷《稗海》刊本。又《津逮秘書》刊本。又單一部。

宋岳珂撰。

癸辛雜識前集一卷，後集一卷，續集二卷，别集二卷《稗海》刊本。又《津逮秘書》刊本。

宋周密撰。

隨隱漫録五卷《稗海》刊本。

宋陳世崇撰。

歸潛志十四卷聚珍板本。

元劉祁撰。

山房隨筆一卷《稗海》刊本。

元蔣子正撰。

遂昌雜録一卷《稗海》刊本。

元鄭元祐撰。

樂郊私語一卷依閣鈔本。

元姚桐壽撰。

輟耕録三十卷《津逮秘書》刊本。又一部，明刊本。

明陶宗儀撰。

稗官記五卷 舊鈔本。有「當湖小重山館」、「湘舟」諸印。

明馬俞撰。正統時人。

水東日記三十八卷 明刊本。

明葉盛撰。

偶記十卷 刊本。

明鄭仲夔撰，朱謀㙔序。

隆平紀事二卷 抄本。

明史册撰。紀元末明初蘇湖間事。

說鈴二卷 乾隆十三年劉堅刊本。附《漁洋書跋》，見史《目録》後。

國朝汪琬撰。

玉堂薈記四卷 舊抄本。有「棟亭曹氏」、「聽雨樓查氏有圻」、「長白敷槎氏堇齋昌齡」諸印。

國朝楊士聰撰。入《存目》。

今世説八卷 粤雅堂刊本。

國朝王晫撰。入《存目》。

人海記二卷 舊鈔本。

國朝查慎行撰。皆歸田後録其在京師時見聞編之。

右小説家類雜事之屬。

山海經十八卷《古今逸史》刊本。又玉淵堂刊本。

舊題「夏禹撰」。

山海經廣註十八卷刊本。有圖四卷。

國朝吴任臣撰。

山海經注十八卷經訓堂刊本。

國朝畢沅撰。

穆天子傳六卷《古今逸史》刊本。又平津館刊本。又《漢魏叢書》刊本。

汲冢古本，晉郭璞註。

神異經一卷《漢魏叢書》刊本。

舊本題「漢東方朔撰，晉張華註」。

海内十洲記一卷《古今逸史》刊本。又《文房小説》刊本。又《漢魏叢書》刊本。

舊本題「漢東方朔撰」。

漢武故事一卷《古今逸史》刊本。

舊本題「漢班固撰」。或以爲齊王儉作。

漢武帝内傳一卷舊鈔本。附《漢武帝外傳》一卷。陳鱣藏。又《漢魏叢書》刊本。

舊本題「漢班固撰」。

漢武帝洞冥記四卷《古今逸史》刊本。又《文房小説》刊本。又《漢魏叢書》刊本。

舊本題「漢郭憲撰」。

拾遺記十卷《稗海》刊本。又《古今逸史》刊本。又《漢魏叢書》刊本。又單刊本。

秦王嘉撰。

元中記一卷 道光丙戌高郵茆泮林輯刊。

晉郭璞撰。多記異聞。

搜神記二十卷《津逮秘書》刊本。又《稗海》刊本，僅八卷。又《漢魏叢書》刊本。又一部單本，與《述異記》同一册。

舊本題「晉干寶撰」。

搜神後記十卷《津逮秘書》刊本。

舊本題「晉陶潛撰」。

幽明録一卷 琳琅祕室活字本。

宋劉義慶撰。

異苑十卷《津逮秘書》刊本。

宋劉敬叔撰。

續齊諧記一卷《文房小説》刊本。又《古今逸史》刊本。

梁吴均撰。

龍城録二卷《稗海》刊本。

唐柳宗元撰。入《存目》。

獨異志三卷《稗海》刊本。

唐李亢撰。入《存目》。

劍俠傳四卷《古今逸史》刊本。

唐人撰，失姓名。入《存目》。

集異記一卷《古今逸史》刊本。又《文房小説》刊本。

唐薛用弱撰。

博異記一卷《古今逸史》刊本。又《文房小説》刊本，題《博異志》。

舊本題「唐谷神子撰」。或云馮廓，或云鄭還古。

杜陽雜編三卷《稗海》刊本。

唐蘇鶚撰。

劇談録二卷明刊本。又《津逮秘書》刊本。

唐康駢撰。

宣室志十卷，補遺一卷《稗海》刊本。

唐張讀撰。

唐闕史二卷《閆丘辨囿》刊本。

五代高彦休撰。

甘澤謡一卷《津逮秘書》刊本。

唐袁郊撰。

録異記八卷《津逮秘書》刊本。

蜀杜光庭撰。入《存目》。

稽神録六卷《津逮秘書》刊本。多《拾遺》一卷。

宋徐鉉撰。

江淮異人録二卷《函海》刊本。

宋吴淑撰。

茅亭客話十卷《津逮秘書》刊本。又咸豐三年琳琅秘室活字本。

宋黄休復撰。

括異志十卷舊鈔本。有「曹楝亭」、「聽雨樓查氏」、「長白敷槎氏」諸印。

宋張師正撰。入《存目》。

五色線二卷《津逮秘書》刊本。

不著撰人。入《存目》。

閒窗括異一卷《稗海》刊本。

宋魯應龍撰。入《存目》。

睽車志六卷《稗海》刊本。

宋郭彖撰。

異聞總録四卷《稗海》刊本。

不著撰人。入《存目》。

問奇類林三十五卷萬曆己酉刊本。

明郭良翰編。

右小説家類異聞之屬。

博物志十卷《稗海》刊本。又《古今逸史》刊本。又《漢魏叢書》刊本。

舊本題「晉張華撰」。

述異記二卷《稗海》刊本。又《漢魏叢書》刊本。

舊本題「梁任昉撰」。

酉陽雜俎二十卷，續集十卷《津逮秘書》刊本。又《稗海》刊本。無續集。

唐段成式撰。

清異録二卷 刊本。陳鱣手校。有「仲魚」、「二樹藏本」諸印。又一部。明姚咨舊鈔，即錢曾《敏求記》所載之本。雖未甚精，然海鹽陳氏刊者多妄行删削，此猶存其本真。卷後有嘉靖壬子姚咨手跋，記抄書原委。又有「茶夢散人」、「太白山人」、「水西樓」、「潛坤」、「吴越王孫」、「枚庵」、「士禮居」諸印。

宋陶穀撰。

續博物志十卷《稗海》刊本。又《古今逸史》刊本。

宋李石撰。

續板橋雜記一卷 舊鈔本。附《雪鴻小紀》，有「古歡堂藏書」。

題「琳泉居士」，甲辰仲秋序。

右小説家類瑣記之屬。

子部十三

釋家類

佛説四十二章經一卷 《津逮秘書》刊本。

沙門守遂註。

華嚴經音義四卷 粤雅堂刊本。又拜經堂刊本。

唐釋慧苑撰。

一切經音義二十五卷 乾隆五十一年莊氏刊本。是書與《華嚴經音義》皆多引古籍，足資考證。

唐釋玄應撰。

神僧傳九卷《古今逸史》刊本。

不著撰人。入《存目》。

右釋家類。

子部十四

道家類

陰符經解一卷《漢魏叢書》刊本。張良注。

舊本題「黄帝撰」。

黄帝五書六卷　刊本。

國朝孫星衍依道藏本校。五書者：《古文龍首經》二卷、《金匱玉衡經》一卷、《授三子玄女經》一卷、《廣本行記》一卷、《軒轅黄帝傳》一卷。

老子註二卷　《十子全書》刊本。

舊本題「河上公撰」。

道德指歸論六卷　《津逮秘書》刊本。

舊本題「漢嚴遵撰」。

老子道德註二卷　聚珍板本。又一部。

魏王弼撰。

御注道德經四卷 舊鈔本。

唐玄宗御製。

道德真經注疏八卷 依道藏本過録，丁氏遲雲樓寫本。

題「吴徵士顧歡述」。歡，齊時人。《隋志》載其《老子義綱》一卷、《老子義疏》一卷。書名、卷數與此不合，且不應齊時人而先引陶隱居、成玄英。惟晁氏《志》及《玉海》所載，有岷山道士張君相《三十家道德經集解》，列名二十九，蓋君相自爲一家，併數之，頗與是書相契。《罕經室外集》載此書，改題爲「君相撰」是也。所引六朝及唐人遺説，今多無傳，亦道家古笈之僅存者矣。

道德經解二卷 舊鈔本。有「徐康」、「集祥里人」、「横秋館」諸印。

宋蘇轍撰。

道德真經註四卷粵雅堂刊本。

元吴澄撰。

道德會元二卷明弘治丁巳刊本。

元李道純元素撰。

老子翼三卷，考異一卷萬曆戊子刊本。

明焦竑撰。

老子衍一卷湘鄉刊本。

國朝王夫之撰。

道德經考異二卷 經訓堂刊本。

國朝畢沅撰。

列子八卷《十子全書》刊本。

舊本題「周列禦寇撰」。晉張湛注。

莊子註十卷 明慎德書院本，無注。又《十子全書》刊本。

晉郭象撰。

莊子翼八卷，莊子闕誤一卷，附録一卷 萬曆戊子刊本。

明焦竑撰。

莊義要删十卷 萬曆庚辰滇中刊本。緜紙精印，四端俱寬，甚爲精善。

明孫應鼇撰。

朱批解莊三卷 明刊，朱套印本。

明陶望齡解，郭明龍評。入《存目》。

莊子解三十三卷，莊子通一卷 湘鄉刊本。

國朝王夫之撰。

文子纘義十二卷 聚珍板本。

宋杜道堅撰。

列仙傳二卷《古今逸史》刊本。

舊本題「漢劉向撰」。

周易參同契通真義三卷《漢魏叢書》刊本，無注。

《參同契》，漢魏伯陽撰；《通真義》者，後蜀彭曉所註也。

周易參同契解三卷刊本，題「抱一子參同契解」。

宋陳顯微撰。

周易參同契發揮三卷，釋疑一卷明宣德三年刊本，善。

宋俞琬撰。

古文參同契集解三卷《津逮秘書》刊本。

明蔣一彪撰。

參同契章句二卷刊本。

國朝李光地撰。入《存目》。

抱朴子内外篇八卷《平津館叢書》刊本，分七十卷。又《漢魏叢書》刊本。

晉葛洪撰。

神仙傳十卷《漢魏叢書》刊本。

晉葛洪撰。

枕中書一卷《漢魏叢書》刊本。

晉葛洪撰。入《存目》。

太上感應篇注二卷粵雅堂刊本。

國朝惠棟注。

真靈位業圖一卷《津逮秘書》刊本。

梁陶弘景撰。入《存目》。

冥通記四卷《津逮秘書》刊本。

舊題「梁周子良撰」。

天隱子一卷 抄本。

題「司馬承禎撰」。

胎息經一卷 《津逮秘書》刊本。

舊本題「幻真先生註」。入《存目》。

悟真刊僞集三卷

張伯端撰，薛道光、陳致虚刊誤。

席上腐談二卷 舊鈔本。

宋俞琬撰。

鳴鶴餘音一厚册 舊鈔本。又《函海》刊本。

元人編道家詩詞。

沖用編一厚册 舊鈔本。有「贊襄典學江南」、「曹子峩嵋氏」、「興來不暇嬾」諸印。曹禾，號峩嵋，江陰人。康熙中曾疏請封禪，與湯潛庵、徐健庵諸人同爲講官。以諸印、文義推之，此書當係其底稿。

國朝曹禾編輯。録《九天生神玉章經》至《黄庭外景玉經》，共十二篇。

正一天壇玉格、譜序源流一厚册 鈔本。

譜序張天師傳授符録之事。

右道家類。

【校勘記】

〔一〕陳宏謀：原作「陳宏謨」，據《吕子節録》改。

〔二〕王禎：原作「王楨」，據《農書》作者自序改。

〔三〕直訣：原作「真訣」，據下條書目改。

〔四〕卮言：原作「厄言」。按錢綺此書今有傳本，實作「卮言」，「厄」顯係形近致誤，因改。

〔五〕此下原挖去一行。據《千頃堂書目》所載，《畫塍》、《續畫塍》均爲明李日華撰。

〔六〕「李」下兩字原爲墨釘。按，《持静齋藏書記要》卷上子部記是書：「明豐城李栻編刊。」編者當爲「李栻」。

〔七〕釋適之：原脱「適」字。按，田朝恒此著乃爲增訂《金壺記》而作，《金壺記》歷代著録均作釋適之撰，因據補。

〔八〕臣襃：疑當作「臣衮」，金俊明原名衮，衮、襃形近致誤。

〔九〕述：原作述，據文意改。

持靜齋書目卷四

集部一

楚詞類

楚詞章句十七卷 坊刻。

漢王逸撰。

楚詞集註八卷，辨證二卷，後語六卷 正德己卯沈圻刊本，善。

宋朱子撰。

楚詞通釋十四卷 湘鄉刊本。

國朝王夫之撰。

右楚詞類。

集部二

別集類一 漢至五代

蔡中郎集六卷 明嘉靖戊申刊本。述古堂所藏。首卷《橋太尉碑》移在卷五，又無《薦董卓表》。明人腹笥空疏，而又往往喜竄亂舊本，不特此書受累也。又一部，康熙年間陳留覆刊歐静本，即顧廣圻所稱之十卷本，錯誤亦多，未審顧氏何以盛稱之。有紅筆校勘，甚精備。

漢蔡邕撰。

孔北海集一卷，附録一卷 閣本依鈔。

漢孔融撰。

曹子建集十卷 明汪士賢刊本，有「丁元增」、「鉏經主人」諸印。

魏曹植撰。

嵇中散集十卷 明汪士賢刊本。康雍間前輩以吴匏菴手抄本詳校，後經藏汪伯子、張燕昌、鮑渌飲、黄蕘圃、顧湘舟諸家。

魏嵇康撰。

陶淵明集八卷 坊本。

晉陶潛撰。

陶集校註十卷 抄本。改竄甚密，蓋乾嘉老輩手稿。

未著撰者姓名。

支道林集二卷 嘉慶乙丑僧寒石刊明支硎山本。有「顧沅湘舟」印。

支遁撰。

鮑參軍集十卷 明汪士賢刊本。卷末題「嘉慶十七年壬申立冬後一日，照影宋本校畢，仲漣記。時年七十有一」云云。顧沅藏。

宋鮑照撰。

謝宣城集五卷 明萬曆己卯宣城重刊本。有「東墅」、「吳氏收藏」、「旦雲」諸印。

齊謝脁撰。

江文通集四卷 宋刊本。述古堂舊藏。汪士賢、張溥二本所闕詩及表皆有之，可以證二本之譌者甚多。有「錢曾」、「遵王」諸印。

梁江淹撰。

何水部集一卷 明洪瞻祖刊本，并《陰鏗詩》一卷。

梁何遜撰。

陶貞白集二卷 舊鈔本。

梁陶弘景撰，明黃省曾編。

劉孝威詩集一卷 舊鈔本，有校勘。與《張正見詩》共一册。何焯藏。

梁劉孝威撰。

張正見詩一卷 舊鈔本，有校勘。與《劉孝威詩》共一册。何焯藏。

陳張正見撰。

王子深集一卷 舊抄本，有校勘。與《薛道衡詩》共一册。何焯藏。

北周王褒撰。

庾子山集註十六卷 刊本。

國朝倪璠註周庾信集。

徐孝穆集箋註六卷 刊本。

國朝吴兆宜註，陳徐陵集。

薛元卿集一卷 舊鈔本。與《王褒詩》共一册。何焯藏。卷末有義門手跋。

隋薛道衡撰。

唐太宗文皇帝集一卷 舊鈔本。中有《春臺望》，乃明皇詩；《饒中書侍郎來濟》，乃宋之問詩。想是後人所羼入者。

《明館閣書目》有《文皇詩》六十九首，即此本也。

寒山子詩集一卷，附豐干、拾得詩一卷 明永樂丙申重刊宋淳熙己酉沙門志南編本，題「《天台三聖詩》」。

寒山子、豐干、拾得，皆貞觀中台州僧。

駱丞集十卷 嘉慶丙子秦恩復仿宋刊本。

唐駱賓王撰，明顔文撰註。

陳拾遺集十卷 鈔本。題「《陳伯玉集》」。

唐陳子昂撰。

李嶠雜咏二卷 日本《佚存叢書》活字本，較《全唐詩》所收爲足。

唐李嶠撰。

張燕公集二十五卷 聚珍板本。秦恩復、吴翌鳳、張金吾均藏。又二部。又舊鈔本。

唐張説撰。

曲江集十二卷 明萬曆甲申刊本。有《附録》一卷。

唐張九齡撰。

分類補註李太白集三十卷 明許自昌刊本。

宋楊齊賢集注。

九家集註杜詩三十六卷 刊本。

唐杜甫撰，宋郭知達集註。九家者：王洙、宋祁、王安石、黄庭堅、薛夢符、杜田、鮑彪、師尹、趙彦材也。

集千家註杜詩二十卷 元刊本。清朗悦目，有紅筆校勘。

元高楚芳編。

杜律虞註二卷 明刊本。字體略參隸法，極爲精善。又一部，稍劣。

元虞集撰。

杜詩錢箋二十卷 刊本。

國朝錢謙益撰。

杜集五家評本二十卷 道光甲午刊本。五色套印。

合王世貞、王慎中、王士禛、邵長蘅、宋犖爲五家。

王右丞集註二十八卷，附録二本 坊本。又明套印《王摩詰詩》七卷。劉曾孟評點。

國朝趙殿成註，唐王維集。

孟浩然集四卷 汲古閣刊本，三卷。又明套印劉會孟評點本，一卷。

唐孟浩然撰。

顔魯公集十五卷，補遺一卷，年譜一卷，附録一卷 聚珍板本。又舊抄本。又明嘉靖二年錫山安氏刊本，精善。有「大河王氏」、「十泉書屋」諸印。

唐顔真卿撰。

杼山集十卷 汲古閣刊本。

唐釋皎然撰。

劉隨州集十一卷　薛一瓢手寫定本，二册。筆筆秀健，到底不懈，古人用心之勤如此。今人束書不讀者，對此可愧也。後有黄丕烈手跋。

唐劉長卿撰。

韋蘇州集十卷　宋刊本。多《拾遺》一卷。

唐韋應物撰。

毘陵集二十卷　舊鈔本。卷末有道光乙未嘉興錢天樹《跋》。極言此舊本之難得云云。有「夢廬」印。

唐獨孤及撰，其門人梁肅編。

郎君胄詩集六卷 明正德戊寅劉成德刊本。有「廬江王文房」、「魚麥堂」、「吴越王孫」、「榮光樓藏書」、「湘舟過目」諸印。

唐郎士元撰。

耿文明詩集六卷 元刊本。有「商丘宋筠蘭暉氏」、「己丑進士」、「太史圖書」、「魚麥堂」諸印。

唐河中耿緯撰。

韓君平集三卷 元刊本。

唐韓竑撰。

韓昌黎集四十卷，外集十卷，遺文一卷，附集傳一卷 宋廖瑩中世彩堂精刊本。世所傳東雅堂即據此覆刊者，亦屬善本，對此便奄奄無生氣。每卷尾皆有「世彩堂廖氏刊梓家塾」篆書木記。徐氏翻板時，始改爲「東雅堂」，蓋鄙廖瑩中之爲人也。然廖雖賈似道門客，而嗜好書籍，廣刊經史，亦微可節取。相傳其刊書時，用墨皆雜泥金、香麝爲之。此本爲當時初印，字一律皆虞、歐體，紙寶墨光，醉心悦目。況藏經六七百年，而展卷如新，手若未觸，真天壤間第一秘寶也。項篤壽、汪士鐘、郁松年均藏。有「項氏萬卷樓」、「田耕堂」、「閬原」、「泰峰」諸印。

唐韓愈撰。陳少章作《韓集點勘》，以糾廖《註》，固有精確之處，然如《鄖城聯句》之「庚噱」，乃徐本訛「庚」作「訣」，而咎及於廖，未免過苛。《進學解》之「荀卿守正」，廖註明言《新史》之易「守」爲「宗」，乃仍重引《新唐書》以糾之。諸如此類，均屬近於吹毛。蓋陳氏意不滿朱子之《考異》，而震於其名，不敢置喙。廖《註》則專宗朱子，其人既爲世所不齒，其書遂爲衆惡所歸。然平心而論，廖氏所刊書，當日推爲精善，今存於海内者，僅此一種，讀者不以人廢言可也。

韓昌黎集註四十卷，外集十卷〔一〕明嘉靖丙辰刊無註本。又永懷堂葛氏刊本，亦無註。

唐韓愈撰。嘉靖本爲游居敬、莫如士刊。即《韓》、《柳》合刻之本。

韓昌黎詩集註十一卷，年譜一卷康熙己卯刊本，甚善。卷中紅筆、黄筆批校圈點，俱精核可味。有「徐天麟」、「申涵光」、「陳邦彦」、「萊孝」諸印。其批點不知究出誰手也。又一部，初印本，亦紅、墨筆批校，似不如前本之精。

國朝顧嗣立撰。

韓筆酌蠡三十卷刊本。

國朝盧軒編。

韓昌黎詩集無註本 刊本。

國朝潘錦編。顧沅以紅筆録汪鈍翁，墨筆録何義門兩家評點。

韓子粹言一册 刊本。

國朝李光地選。

京本校正音釋唐柳先生集四十三卷，别集一卷，外集一卷 元刊本。有「瀧西世家」、「觀瀾道人」諸印。

唐柳宗元撰。不著註書者姓名，而註中所引童云、張云、潘云，則宋童宗説《註釋》、張敦頤《音辯》、潘緯《音義》之本也。惟謁字泉湧，恨無先我而校者，不得以元本而恕之。

濟美堂柳河東集四十五卷，外集二卷，龍城録二卷，附録二卷，集傳一卷，後序一卷 明吴郡郭雲鵬刊本。有「虞山景氏家藏」、「淮海世家」諸印。又一部，校勘甚精。

宋人以韓醇音註合童、張、潘諸家音註編輯之本。世以配東雅堂《韓文》，或謂其本亦出於宋之世彩堂，莫能質也。

無註柳文四十三卷，別集二卷，外集二卷，附録一卷 明刊本。有「吴郡瞟城」、「上谷侯氏」、「明月堂書畫」、「韜園讀」諸印。又一部，即韓柳合刻之本。

題「明巡按直隸監察御史新會莫如士重校」。

劉賓客文集三十卷，外集十卷 元明間精刊本，甚佳。吴翌鳳藏。又藝海樓鈔本《外集》十卷，又雍正元年趙駿烈刊《中山詩集》九卷，均善。

唐劉禹錫撰。

吕衡州集十卷 道光丁亥秦恩復仿宋刊本，精善。又粤雅堂刊本。又《吕和叔文集》五卷，由錢叔寶手抄本過鈔。

唐吕温撰。

皇甫持正集六卷 汲古閣刊本。

唐皇甫湜撰。

李文公集十八卷 明成化乙未馮師虞刊本，精善，足校汲古閣之訛。有「秦恩復伯敦父」、「石研齋」諸印。

唐李翱撰。

李元賓文編三卷，外編一卷 嘉慶戊寅秦恩復刊《文集》六卷。又粤雅堂刊本。又舊鈔《文集》五卷。

唐李觀撰。《文編》，陸希聲所輯；《外編》，趙昂所輯。

孟東野集十卷 明嘉靖丙辰武陵楊鶴校，無錫秦禾刊本。有「辛齋」、「蔣重光」、「樂意軒吴氏」、「顧沅」諸印。又嘉靖己未商州刊本，有「高照」印。又汲古閣刊本。

唐孟郊撰。

昌谷集四卷，外集一卷 明徐渭、董懋策批注本，五卷。又康熙間姚文燮經三注刊本，四卷。

唐李賀撰。

沈下賢集十二卷 舊鈔本。顧沅校。

唐沈亞之撰。

追昔遊集三卷 汲古閣刊本。

唐李紳撰。

李衛公文集十八卷，外集四卷，别集十卷 明陳子龍刊本。

唐李德裕撰。

白香山詩集四十卷，附録年譜二卷 康熙癸未刊本。

國朝汪立名編。

樊川文集二十卷，外集一卷，别集一卷 宋刊本。首尾録裴延翰、田概二《序》。有「武陵懷古書屋收藏」、「秘香閣收藏」、「顧沅湘舟氏」諸印。

唐杜牧撰。

杜樊川詩註四卷，别集一卷，外集一卷 嘉慶三年刊本。

國朝馮集梧編輯。

李義山詩集三卷 舊鈔本。諸錦手批。有「髯公徐廣庵」、「諸錦」諸印。

唐李商隱撰。

李義山文集箋註十卷 康熙戊子刊本。

國朝徐樹穀箋，徐炯註。

温飛卿集箋註八卷 汲古閣刊《金荃集》七卷《别集》一卷，無注本。

唐温庭筠撰。

文泉子集一卷 明天啓甲子吴馡編刊《劉復愚集》六卷本。又依閣鈔本，顧沅校。

唐劉蜕撰。

孫可之集十卷 明正德丁丑王鏊刊，初印本。《自序》云「依内閣秘本抄録」者，極精善。後來毛子晉仿刊，便多訛錯。又汲古閣刊本。

唐孫樵撰。王鏊論文，推挹可之，以爲遞傳真訣於昌黎者。今觀鏊《全集》，良然。但比可之略少真氣爾。

曹祠部集二部，附曹唐詩一卷 閣本依鈔。

唐曹鄴撰。

麟角集一卷 咸豐癸丑刊本。

唐王棨撰。

皮子文藪十卷 正德庚辰袁邦正刊本。今時刻及傳抄本譌誤特甚，安得有力者將此本重刊，使可衣被後學耶！

唐皮日休撰。

笠澤叢書四卷，補遺一卷 雍正辛亥江都陸鍾輝覆元至元庚辰陸惪本。又碧筠草堂覆元陸惪本。俱初印，精善。

唐陸龜蒙撰。

甫里集十九卷，附録一卷 明萬曆癸卯重刊成化丁未本，精善。

唐陸龜蒙撰，宋葉茵編。

詠史詩二卷 坊本。

唐胡曾撰。

司空表聖文集十卷　舊鈔《一鳴集》十卷，趙褱玉以知不足齋校宋本校過。有乾隆丙午手記。又有「湘溪水雲堂」、「古香樓」、「休寧汪季青」、「趙味辛」、「宮保世家」諸印。

唐司空圖撰即唐志所載一鳴集也。趙校甚精，并據宋本補入《連珠》八首。

韓内翰別集二卷　明刊本。《内翰詩》二卷，《香奩集》一卷。又汲古閣刊《香奩集》一卷本。

唐韓偓撰。

張賓詩一卷，林寬詩一卷，許棠詩一卷　均舊鈔本，合爲一册。有崇禎四年辛未十月葉奕手跋。後有「林宗」一印。又前後有「義門小史」、「樸學齋」、「樹蓮居士」、「善畊」、「顧氏」諸印。

均唐人。《中興館閣書目》云：「許棠登咸通十二年進士。宣州人。有《文化集》。」又《摭言》載：「許棠久困名場，咸通末，馬、戴佐大同軍，棠往謁之，如舊相識。留連數月，未嘗問所欲。忽大會賓客，以家書授之。棠驚，莫知所自來。啓緘，始知戴已潛遣一介邮其家矣。」餘二人未詳。

桂苑筆耕録二十卷 舊抄本。集中《討黄巢》一檄最爲傑出，餘亦嫺雅可觀。據其《奏狀》，則十二歲入中國，又六年取進士。調溧水尉，旋爲幕僚。此本蓋據高麗活字本過録者。失抄洪秩周、徐有榘二《序》。有「二槎秘笈」、「馬氏吟春仙館收藏」諸印。

唐高麗人崔致遠撰〔二〕。致遠爲高駢淮南從事，見《唐志》《宋志》。《文獻通考》亦録其書。張敦頤《六朝事迹》則載其乾符中尉溧水，爲詩吊雙女墳事。然《全唐詩》《文》并未收録。元、明以來書目亦無載之者。今雖番禺刊行，而此帙固昔所稀覯也。有榘《序》稱其「字海夫，號孤雲，東歸後仍仕本國翰林學士、兵部侍郎，且盛推爲彼國人文鼻祖」云云。

徐正字文集十卷 舊抄本，題「徐寅釣磯文集」。後有顧沅手跋，云「是爲山陰沈霞西精抄本，善價得之，咸豐改元五月，訪書紹郡獲此，如得奇珍」等語，有「湘舟」印。

唐徐寅撰。愛日精廬張氏所藏十卷，世所稱爲足本，比此尚短數篇。是則無怪顧湘舟之贊頌無已也。

黄御史集十卷，附録一卷 咸豐癸丑刊本。

唐黄滔撰。

白蓮集十卷 汲古閣刊本。有「蓉峰」、「傳經後人」、「曾在東山劉惺常處」、「湘舟過眼」諸印。

後唐釋齊已撰。

右别集類。漢至五代。

集部三

别集類二北宋建隆至靖康

騎省集三十卷 毛晉舊抄精校足本。有「虞山汲古閣字子晉圖書」、「藝海樓」、「顧沅收藏」諸印。

宋徐鉉撰，其婿吴淑編。

河東集十五卷，附録一卷 舊鈔本。

宋柳開撰，其門人張景編。

咸平集三十卷 閣本依鈔。

宋田錫撰。

小畜集三十卷，外集七卷 明初刊本，無《外集》。此集世所罕覯，雖間有訛謬，然勝趙氏本也。

宋王禹偁撰。

南陽集六卷 聚珍板本。

宋趙湘撰。

穆參軍集三卷，附録遺事一卷 舊抄。猶是祖無擇所編舊本也。謹遵《提要》删去《亳州曹操帳廟記》一篇。有「海虞吴氏攤書樓」、「竹橋太史氏」諸印。

宋穆修撰。

晏元獻遺文一卷 閣本依鈔。

宋晏殊撰。

春卿遺稿一卷 閣本依鈔。

宋蔣堂撰。

東觀集十卷季振宜藏元人舊鈔本。比時本多《别陳太保》一首，《聯句》一首。有「振宜藏書」、「日藻張氏翼庭」、「慶善字淑美」諸印。

宋魏野撰。

宋元憲集四十卷聚珍板本。

宋宋庠撰。

宋景文集六十二卷，補遺二卷，附録一卷聚珍板本。又日本《佚存叢書》。有《宋景文公集》殘本三十三卷，頗多聚珍本未録之篇。

宋宋祁撰。

文恭集五十卷，補遺一卷 聚珍板本。

宋胡宿撰。

范文正集二十卷，別集四卷，補編五卷 元刊初印本。後附《奏議》、《尺牘》等，共十三種。卷首蘇《序》後有木記，篆書三行題「天曆戊辰改元褒賢世家重刻於家塾歲寒堂」云云。按：康熙丁亥，范能濬重刻是集時已云：「舊本歲久漫漶，不意閱百餘年而天曆初印本復見人世，不可謂無神靈呵護也。乾隆乙卯復經盧抱經依宋本手校，愈足寶重。」後附《忠宣集》，并九種均完善。又范能濬重刻《二范集》一部、《范文正集》一部。

宋范仲淹撰。

徂徠集二十卷 舊鈔本。有「黄丕烈」、「顧沅收藏」諸印。

宋石介撰。

祠部集三十六卷 聚珍板本。

宋强至撰。

華陽集六十卷，附録十卷 聚珍板本。

宋王珪撰。

古靈集二十五卷 明人依宋刊鈔本。首卷冠以紹興元年《求賢手詔》，爲他本所無。集終附《行狀》、《誌銘》、《年譜》諸種，是爲最足之本，世間不易覯也。

宋陳襄撰，其子紹夫編。

傳家集八十卷 崇禎刊康熙戊子補修本，八十二卷。

宋司馬光撰。

金氏文集二卷 閣本依鈔。

宋金君卿撰。

公是集五十四卷 聚珍板本。

宋劉敞撰。

彭城集四十卷 聚珍板本。

宋劉攽撰。

丹淵集十二卷，拾遺二卷，年譜一卷，附録二卷 舊鈔本。題「陳眉公訂」。顧沅藏。

宋文同撰。

西溪集十卷 舊鈔本。題「《沈氏三先生文集》之一」，《雲巢集》、《長興集》均附。

宋沈遘撰。

鄖溪集三十卷 閣本依鈔，二十八卷。

宋鄭獬撰。

浄德集三十八卷 聚珍板本。又一部。

宋吕陶撰。

馮安岳集十二卷 閣本依鈔。

宋馮山撰。

元豐類稿五十卷 明成化庚寅刊本。

宋曾鞏撰。

忠肅集二十卷 聚珍板本。

宋劉摯撰。

曲阜集四卷 舊鈔本。《曾文昭公曲阜集》二卷《遺録》二卷《補録》一卷，蓋據萬曆間刻本過録，猶比康熙間其裔孫儼刻本爲足。有「宋臨安三志人家」、「白堤錢聽默經眼」、「二槎藝文」、「馬氏收藏」、「陳鱣觀」諸印。

宋曾肇撰。

周元公集九卷 明濂溪書院刊本，三卷，甚舊，有「蘇州袁氏五硯樓收藏」印。又明嘉靖乙酉刊《周元公集》十七卷，其《遺書》僅二卷，餘皆附抄，未免末大於本。

宋周敦頤撰。

文忠集一百五十三卷，附録五卷 萬曆壬子刊本。

宋歐陽修撰。

文忠集五十卷 宋刊本。

僅有蘇軾《序》，而無周必大《序》，較時本卷數少三之二，而詩文却不少。每卷前刊有「臨江後學曾魯得之考異」一條，每卷後刊有「熙寧五年秋七月男發等編定」一條，又偶有「紹熙二年三月郡人孫謙益校正」一條，惟無丁朝佐、羅泌、王伯芻之名，與陳振孫所言微有不同。其第三卷《汝癭詩》「平地猶确砦」後註云：「衢本作『确犖』，吉本作『磽砦』，建本作『确砦』，蜀本、羅氏本作『磽确』。丁氏按：字書『磽』通作『墝』、『确』通作『埆』。犖，駁牛也。砦，石相叩聲，字各不同。今從蜀本作『磽确』」云云。然則所謂丁氏者，當即丁朝佐矣。蓋當時刻本盛行，未能衷諸一是。然如此宋刻巨編，至今日尚無絲豪殘闕，亦無一二頁修補者，錢牧齋於所藏宋本《漢書》贊爲「寶玉大弓」，此豈不可援其例乎？首卷《目録》下題「嘉靖庚寅收」，可見在明中葉時此書已屬難得。有「鶴山之章」、「東始魏氏珍藏」、「雪筠」、「曾在雲間嘯園沈氏」、「沈慈」、「十峰」、「醉李高拯埏字八遐」、「許希周」諸印。

宋歐陽修撰。

歐陽文粹二十卷 萬曆丁未郭雲鵬刊本。有老輩硃筆點抹，評亦可味。

宋陳亮撰。

范忠宣文集二十卷，奏議二卷，遺文一卷，附録一卷，補編一卷 元天曆歲寒堂刊初印本，與《范文正公集》共一編。又明刊本《二范集》，亦與《范文正公》共爲一編者。有「朗清汲古所」及「三間草堂」諸印。

宋范純仁撰。

石學士詩集一卷，附録一卷 道光癸巳刊本。

宋石延年撰。

臨川集一百卷 元末危素刊本明修者。撫刊即翻此本。又明嘉靖三十九年撫州何氏刊廿四行本。有「傳經堂」、「樸學齋」、「華步寒碧莊」、「仙桂堂」、「劉惺常」、「葉樹廉」、「石君」、「臣恕」、「蓉峰」諸印。

宋王安石撰。

王荆公詩註五十卷 乾隆辛酉張宗松仿宋刊本。

宋李壁撰。

東坡集四十卷，後集二十卷，奏議集十五卷，内制集十卷，樂語一卷，外制集三卷，應詔集十卷，續集十二卷 宋刊本。遇宋諱均缺筆，遇「朝廷」等字空一格，遇「祖宗」等字空二格。《奏議》皆附録貼黄，如今時疏題之類，亦足以考故事。詩文皆偶附東坡自註，而無他人註。他本所載《葉嘉傳》《睡鄉》《醉鄉》等記，此皆無之，可見猶是當日舊本。字體渾穆秀厚，與《歐陽文忠》兩巨編，皆可稱爲魯靈光、唐顯慶矣。陳鱣手自點勘，亦復矜慎不苟。有「濟之」、「雲間陸耳山珍藏」、「建安楊氏傳家圖書」、「陳鱣觀」諸印。

宋蘇軾撰。

東坡集四十卷 嘉靖十三年江西布政司刊《七集》之一集。

宋蘇軾撰。

蘇詩補註八卷 粤雅堂刊本。

國朝翁方綱補查氏録施注之遺。

山谷刀筆二十卷 元刊本。密行小字，頗古雅。有「芷齋圖籍」、「古鹽張氏」、「松下藏書」、「張載華」諸印。

宋黄庭堅撰。入《存目》。

山谷内集註二十卷，外集註十七卷，別集註二卷 聚珍板本。又乾隆五十三年謝啓昆刊本，附《外集補》四卷、《別集補》一卷、《年譜》十四卷。

《山谷内集註》，宋任淵撰；《外集註》，宋史容撰；《別集註》，容之孫季温補撰。

後山詩註十二卷 聚珍板本。

宋任淵撰。

宛邱集七十六卷 聚珍板本。題「柯山集」，僅五十卷。

宋張耒撰。

青山集六卷 舊鈔本。《四庫》所載三十卷，此僅六卷，殆即王士禛所見之本。有「竇硯主人」、「雲卿」、「嚴蔚」諸印。

宋郭祥正撰。

陶山集十四卷 聚珍板本。

宋陸佃撰。

長興集十九卷 舊鈔本。卷十三至三十二，中缺第三十一之一卷。《沈氏三先生文集》之二也。

宋沈括撰。

雲巢編十卷 舊鈔本。《沈氏三先生文集》之三。

宋沈遼撰。

景迂生集二十卷 閣本依鈔。

宋晁説之撰。

雞肋集七十卷 明人依宋本鈔。張敦仁經藏。有「陽城張氏省訓堂經籍」、「廣圻審定」諸印。後有《跋》云：「此集已有刻本，予嘗收而裝潢之。蜀歸以易□□。此本乃張□石太守以□□□□新安之行□舟不可携，留以詒我。凡再閲之，哂而識其後。時壬寅陽月上浣芥菴記」云云。下署「世禎徐印」，不知爲何人也，有數字不可識，姑闕之。又刊本。

宋晁補之撰，其弟謙之編。

晁具茨詩集一册 明嘉靖甲寅刊本。有「虞山錢曾遵王藏書」、「二槎藏本」、「永年伯章」、「王棟之章」、「海寧陳鱣觀」諸印。又緑筠堂覆刊本二部。又抄本一部。

宋晁沖之叔用撰。

樂圃餘稿十卷，附録一卷 刊本。

宋朱長文撰。

龍雲集三十二卷 舊鈔本。《龍雲先生文集》二十四卷。

宋劉弇撰。

姑溪居士前集五十卷，後集二十卷 舊鈔本。

宋李之儀撰。

學易集八卷 聚珍板本。又一部。

宋劉跂撰。

道鄉集四十卷 道光辛卯裔孫禾刊本。有《補遺》一卷、《附録》一卷。

宋鄒浩撰，其子柄栩同編。

西臺集二十卷 聚珍板本。

宋畢仲游撰。

樂静集三十卷 舊鈔本。有「海鹽張氏研古樓藏書」、「芷齋圖籍」、「曉堂」諸印。

宋李昭玘撰。

日涉園集十卷閣本依鈔。

宋李彭撰。

東堂集十卷閣本依鈔。

宋毛滂撰。

浮沚集八卷聚珍板本。

宋周行己撰。

劉給事集五卷舊鈔本。同治庚午四月，孫琴西衣言以所藏新舊鈔本校過，可感也。

宋劉安上撰。

唐子西集二十四卷 汪亮采刊本。

宋唐庚撰。

洪龜父集二卷 閣本依鈔。

宋洪朋撰。

右別集類。北宋建隆至靖康。

集部四

別集類三南宋建炎至德祐

龜山集四十二卷 刊本。闕後十卷。

宋楊時撰。

西渡集二卷，補遺一卷 舊鈔本，一卷。有「清森閣書畫」、「秦恩復伯敦父」諸印。

宋洪炎撰。

老圃集二卷 閣本依鈔。

宋洪芻撰。

毘陵集十五卷 聚珍板本。

宋張守撰。

浮溪集三十六卷 聚珍板本。

宋汪藻撰。

浮溪文粹十五卷 研經樓精鈔本，甚善。

宋汪藻撰，明胡堯臣編。

石林居士建康集八卷 舊抄本。李兆洛手校，有「燕庭藏書」、「張氏家藏」諸印。

宋葉夢得撰。

簡齋集十六卷 聚珍板本。

宋陳與義撰。

苕溪集五十五卷 舊鈔本。

宋劉一止撰。

三餘集四卷 閣本依鈔。

宋黄彦平撰。

龜溪集十二卷 舊鈔本。有乾隆庚午岩門山樵查政昌《跋》云「此本係先太史抄自秀水潛采翁家」等語，則是書亦出自竹垞手也。

宋沈與求撰。

鄱陽集四卷 閣本依鈔。

宋洪皓撰。

李延平集四卷 正誼堂刊本。

宋李侗撰。入《存目》。

盧溪集五十卷 舊鈔本。依嘉靖五年刻本。

宋王庭珪撰。

北海集四十六卷，附録三卷 閣本依鈔。

宋綦崇禮撰。

鴻慶居士集四十二卷 舊鈔本。有「禦兒呂氏講習堂」印。

宋孫覿撰。

和靖集十卷 嘉靖庚寅刊本。有「碧梧」、「紅藥山房自求不負名教中人」印。又隆慶己巳刊本，四卷。

宋尹焞撰。

雙溪集十五卷 粵雅堂刊本。

宋蘇籀撰。

少陽集十卷 舊抄本。題「陳少陽先生盡忠録」，《遺文》亦在其中。

宋陳東撰。

岳武穆文集十卷 《岳武穆文集》十卷，具在宋刊《金陀稡編》中。見「史部傳記」。《提要》所載佚篇皆存，真可寶貴。

宋岳飛撰。

茶山集八卷 聚珍板本。

宋曾幾撰。

雪溪集五卷 舊鈔本。題「潁人王銍」。

宋王銍撰。

五峰集五卷 依紹定戊子宋刻過鈔，甚備。

宋胡宏撰，其子大時編。

北山集三十卷 舊鈔本，僅十三卷。

宋鄭剛中撰。

文定集二十四卷 聚珍板本。

宋汪應辰撰。

縉雲文集四卷 紅藥山房精抄本，依明嘉靖癸巳刊本過録者，并《附録》一卷。有「小山堂書畫」印。

宋馮時行撰。

默堂集二十二卷 舊鈔本。

宋陳淵撰。

莆陽知稼翁集十二卷 舊抄本。有陳俊卿、洪邁二《序》。第一卷爲《賦》，二、三、四、五、六、七卷爲《詩》，八卷爲《奏議》、《書》、《表》、《致語》。九、十、十一卷爲《啓》，十二卷爲《記》、《序》、《跋》、《行狀》、《青詞》、《祝祭文》。每卷末有「孫迪功郎新泉州惠安縣主簿處權校勘」，可知此本猶是據宋本過抄者，與天啓乙丑其裔孫崇翰所刻幾增十分之七。《四庫》所録有《佚詞》一首。今第十二卷共詞十五首，兼有蘇、柳二家豪邁、婉麗之致。舉世皆無完書，此獨全本具在，亦清淑之氣閟久而不能終閟者矣。

宋黄公度撰。

漢濱集十六卷 閣本依鈔。

宋王之望撰。

歸愚集十卷 舊鈔本。顧沅藏。程慶餘以影宋抄本校過，甚精備。程《跋》云：「宋本自卷五至卷十三，共九卷，無《樂府》。今世所傳抄本皆有《樂府》，蓋後人從他本補入，以足十卷之數」云云。

宋葛立方撰。

鄭忠肅奏議遺集二卷 抄本。

宋鄭興裔撰。

拙齋文集二十卷舊鈔本。

宋林之奇撰。

夾漈遺稿三卷函海刊本。

宋鄭樵撰。

竹洲集二十卷，附棣華雜著一卷萬曆甲辰刊本。

宋吴儆撰。

鄂州小集六卷，附録二卷　明初刊本。有洪武二年宋景濂《序》、乙巳趙壎《序》。按：乙巳爲至正二十五年，越二年丁未，明太祖始改元洪武。似有譌誤。紅筆校勘甚精核，惜不著名。有「寶研居士」、「湘舟過眼」諸印。又粤雅堂刊本。

宋羅願撰。

艾軒集十卷　舊鈔本。團雲軒由宋本過録者，精善。有「金元功藏書記」、「金氏南樓書籍」諸印。

宋林光朝撰。

晦庵先生朱文公文集一百卷，續集十一卷，別集十卷 宋刊本。

《正集》闕《序》。惟《續集》有淳祐五年王遂《序》。《別集》有咸淳元年黄鏞《序》。按：嘉靖壬辰刻本有潘潢《跋》，稱《文集》百卷，《續集》五卷，《別集》七卷，與此稍異。朱玉《朱子大全類編》稱朱子之季子在所編《文集》實八十八卷，合《續集》、《別集》乃成百卷，與此尤爲不符。惟康熙戊辰蔡方炳于所刊本《跋》稱，原《集》百卷，《續集》十卷，《別集》十一卷，與此略合，但誤以《續集》卷數爲《別集》卷數耳。大約宋本已經久湮，而潘、朱、蔡諸人僅耳聞而未目覩，是以傳聞異詞耳。此本以一百二十一卷巨編，經傳六七百年之久，猶復神明焕然，寶光奪目，蓋文公在天之靈默爲維持呵護于其間也。有「錢謙益」、「牧齋」、「陸氏春雨堂」諸印。

宋朱子撰。

朱子感興詩註一卷，附武夷櫂歌註一卷 日本《佚存叢書》活字印本。

宋朱子撰。門人蔡模註《感興詩》，陳普尚德註《櫂歌》。

崔舍人玉堂類稿二十卷，西園類稿二卷，玉堂附録一卷 嘉慶丁卯日本人以活字印入《佚存叢書》。揚州阮氏據以進呈。

宋崔敦詩撰。皆孝宗時制誥、口宣。《宋志》誤以爲周必大撰，而其文皆必大集所無。諸家書目唯明葉氏《緑竹堂》有之，後則無聞矣。

雪山集十六卷 聚珍板本。

宋王質撰。

東萊集四十卷 宋刊本。古氣盎然，洵足珍貴。計《文集》十五卷，《外集》并《拾遺》六卷，《别集》十六卷，《附録拾遺》三卷。又一部，僅《别集》十六卷，《外集》《附録》五卷，亦宋刊本，間雜元印，有「曾在東山劉惺常家」印。又一部，舊抄本，《文集》四十卷、附《麗澤論説》十卷，有「樂意軒吴氏藏書印」。又一部，雍正間刊本，《文集》二十卷。

宋吕祖謙撰。其弟祖儉、姪喬年同編。

止齋文集五十一卷，附録一卷 宋刊本。愛日精廬舊藏。

宋陳傅良撰。

格齋四六一卷 舊鈔本。程慶餘校勘。有「慶餘」、「心齋」諸印。

宋王子俊撰。

倪石陵書一卷 閣本依鈔。

宋倪朴撰，明毛鳳韶編。

定菴類稿四卷 閣本依鈔。

宋衛博撰。

攻媿集一百一十二卷 聚珍板本。

宋樓鑰撰。

義豐集一卷 宋刊，初印。此集世本罕傳，況其爲宋刊乎！古色古香，流溢簡外。一夔已足，正不必以多爲貴也。然比抄本亦多詩十餘首。前有淳祐戊申趙希𡌴《序》，後有淳祐癸卯吴愈《序》。有「黄丕烈」、「汪士鐘」諸印。

宋王阮撰。

乾道稿一卷，淳熙稿二十卷，章泉稿五卷 聚珍板本。

宋趙蕃撰。

止堂集二十卷 聚珍板本。

宋彭龜年撰。

絜齋集二十四卷 聚珍板本。

宋袁燮撰。

雙峰舒先生文集九卷 舊鈔本。吴翌鳳藏。

宋舒邦佐撰。入《存目》。

雲莊集十二卷 鈔本。題「雲莊劉文簡公文集」。

宋劉爚撰。

誠齋詩集十六卷 刊本。

宋楊萬里撰。

南澗甲乙稿二十二卷 聚珍板本。

宋韓元吉撰。

石屏續集四卷 舊鈔本。此亦人世罕有之秘笈也。

宋戴復古撰。

江湖長翁集四十卷 萬曆戊午刊本。又一部。

宋陳造撰。

北溪大全集五十卷，外集一卷 舊鈔本。

宋陳淳撰。

竹齋詩集三卷，附録一卷 鈔本，四卷，前附高選《江邨遺稿》一卷，《遁翁詩》一卷，高似孫《疏寮小集》一卷。

宋裘萬頃撰。

信天巢遺稿一卷，附林湖遺稿一卷，江村遺稿一卷，疏寮小集一卷 舊鈔本。又一鈔本，《疏寮小集》一卷，附《江村三高詩》一卷，無《信天巢》。

《信天巢遺稿》，宋高翥撰。後附《林湖遺稿》，爲翥姪鵬飛之詩。《江村遺稿》，爲翥父選、叔邁之詩。又最後《疏寮小集》，乃高似孫詩也。

隸華館小集一卷 抄本，與《瑞州小集》、《華谷集》、《四明吟稿》共一册。

宋楊甲撰。

瑞州小集一卷 抄本。

宋東甌陳□□撰〔三〕。

華谷集一卷 抄本。

宋嚴粲撰。

四明吟稿一卷 抄本。

宋宣城吴潛撰。

龍洲集十四卷，附録二卷 舊鈔《龍洲道人集》十五卷，係據宋本過録者。又《函海》本，僅十卷。

宋劉過撰。

鶴山集一百九卷 舊鈔本，一百十卷。是集明有二刻：一爲邛州本，一爲錫山安國本。此由安國本過抄者，比邛州本較少訛錯。今傳者日稀，即抄本亦過寥寥矣。

宋魏了翁撰。

西山文集五十五卷 康熙四年刊本。

宋真德秀撰。

平齋文集三十二卷 抄本。

宋洪咨夔撰。

蒙齋集十八卷 聚珍板本。

宋袁甫撰。

方是閒居士小稿二卷 丁氏遲雲樓舊抄本。

宋劉學箕撰。

翠微南征録十一卷 閣本依鈔。

宋華岳撰。

鐵菴集六卷 萬曆八年李時成選刊本。

宋方大琮撰。

履齋遺集四卷 舊抄本。

宋吴潛撰。

清正存稿六卷，附録一卷 影鈔明萬曆甲寅刊本，後附《徐文惠存稿》五卷，《附録》一卷。

有「錫山蕉緑草堂」印。

宋徐鹿卿撰，「清正」其謚也。

滄浪集二卷 明正德丁丑李堅刊《滄浪先生吟卷》三卷。有「璜川吴氏收藏圖書」印。

宋嚴羽撰。

後村集一百九十六卷 賜硯堂舊抄本。一卷至四十八卷《詩》，四十九卷《賦》，五十卷《油幕牋奏》，五十一二卷《奏議》，五十三卷至五十九卷《内制》，六十卷至七十五卷《外制》，七十六卷至七十九卷《奏申狀》、八十卷、八十一卷《掖垣繳駁》，八十二卷、八十三卷《玉牒初草》，八十四卷、八十五卷《諸經講義》，八十六卷、八十七卷《進故事》，八十八卷至九十八卷《雜著》、九十九卷至一百十二卷《題跋》，一百十三卷至一百十五卷《表牋》，一百十六卷至一百二十六卷《啓》，一百二十七卷《上梁文》、《樂語》，一百二十八卷至一百三十四卷《書》，一百三十五卷《祝文》，一百三十六卷至一百四十卷《祭文》，一百四十一卷至一百四十七卷《神道碑》，一百四十八卷至一百六十五卷《墓誌銘》，一百六十六卷至七十卷《行狀》，一百七十一卷《疏》，一百七十二卷《青詞》，一百七十三至一百八十六卷《詩話》，一百八十七卷至一百九十一卷《長短句》，一百九十二卷、一百九十三卷《書判》，一百九十四、五、六卷則後人附録後村之《行述》、《墓誌銘》、《謚議》等文也。此據宋刻過鈔，爲《後村集》最足之本。宋以後未有刊刻，即抄者亦僅五十卷而已。真可寶貴！又經鉏堂鈔本一部，六十卷。又經鉏堂抄本一部，五十卷。

宋劉克莊撰。

矩山存稿五卷 影抄明萬曆刊本。《徐文惠公存稿》四卷，附《徐清正存稿》後。

宋徐經孫撰。

文溪存稿二十卷 康熙戊申刊本。題「文溪集」。有「曹氏巢南是爽樓藏書」印。

宋李昴英撰。

玉楮集八卷 明刊本。題「玉楮詩稿」。有「蔣長泰孝山氏」、「平陽季子元龍春雨所藏」諸印。

宋岳珂撰。

恥堂存稿八卷 聚珍板本。

宋高斯得撰。

蒙川遺稿四卷 閣本依鈔。

宋劉黼撰，其弟應奎編。

雪磯叢稿五卷 康熙丁亥華山馬素邨抄本。有「古鹽官州馬素邨書畫」印。

宋樂雷發撰。

文山集十六卷 嘉靖庚申刊本。又雍正三年刊本，亦十六卷，而次序不同。

宋文天祥撰。

疊山集五卷 明刊本。又《附録》一卷。

宋謝枋得撰。

魯齋集二十卷 崇禎壬申刊本。又乾隆十年刊本。

宋王柏撰。

葦航漫游稿四卷 閣本依鈔。

宋胡仲弓撰。

西臺慟哭記註一卷 舊鈔本。張孟兼註。

宋謝翱撰。

四如集五卷 舊鈔本，足。

宋黄仲元撰。

佩韋齋文集二十卷　舊抄本。《佩韋齋文集》十六卷，《輯聞》四卷，合二十卷。有「玉磬山房」、「小山堂書畫」諸印。

宋俞德鄰撰。

西湖百詠二卷　舊抄本。

宋董嗣杲撰。

富山嬾稿十九卷　舊抄本。夔從孫方宗大編《嬾稿》本三十卷。此抄蓋缺十一卷，然猶是據宋刻過録之本也。

宋方夔撰。

吾汶稿十卷 舊鈔本，二部，一依元刻抄足。

宋王炎午撰。

九華詩集一卷 舊鈔本。

宋陳巖撰。

寧極齋稿一卷，附慎獨叟遺稿一卷 舊抄本。有「尚友齋」、「慶餘叔美」二印。

《寧極齋稿》，舊本題「宋陳深撰」；《慎獨叟遺稿》，其子植撰。

釣磯詩集四卷 舊抄本。密行小字，詩甚雅古。按：葵，福建同安人，宋亡，避居海嶼，不求人知，於五經皆有解説。

宋末丘葵吉甫撰。

右別集類。南宋建炎至德祐。

集部五

别集類四 金元

王氏拙軒集六卷 聚珍板本。

金王寂撰。

滏水集二十卷 舊鈔本。又《附録》一卷。此本比朱竹垞、毛子晉所藏爲精，蓋閒閒公舊本也。周錫瓚手録，何義門批校。有「璜川吴氏收藏」印。

金趙秉文撰。

遺山集四十卷，附録一卷 康熙四十六年華希閔刊本，初印，精善。又道光丁未刊本。

金元好問撰。

元遺山詩箋註十四卷，年譜一卷，附録二卷 道光二年刊本。

國朝施國祁撰。

藏春集六卷 舊抄本。

元劉秉忠撰。

陵川集三十九卷，附録一卷 乾隆戊午刊本，初印頗善。

元郝經撰。

月屋漫稿二卷 舊抄本，有詩無文。顧沅藏。

元黄庚撰。

剡源文集三十卷　宜稼堂刊本，附《札記》。又康熙戊辰金侃手鈔《剡源詩文》一册。有「金侃」、「金仲子」、「秀水朱彝尊收藏」、「陸漻」諸印。

元戴表元撰。

剩語二卷　閣本依鈔。

元艾性夫撰。

養蒙集十卷　閣本依鈔。

元張伯淳撰。

竹素山房詩集三卷　閣本依鈔。

元吾丘衍撰。

金淵集六卷 聚珍板本。又一部。

元仇遠撰。

牧潛集七卷 汲古閣刊本。

元釋圓至撰。

小亨集三卷 舊鈔本。

元楊弘道撰。

静修集三十卷 元刊本，二十二卷，甚雅善。今闕。

元劉因撰。

白雲集四卷 舊鈔本，足。

元許謙撰。

牧菴文集三十六卷 聚珍板本。

元姚燧撰。

玉井樵唱三卷 舊抄本，《正》、《續》合一册。

元尹廷高撰。

清容居士集五十卷 舊抄本。劉憙海藏。又宜稼堂刊本，附《札記》。

元袁桷撰。

此山集八卷 舊鈔本，比諸本爲足。石藴玉藏。有手跋云：「此山不知爲何許人」等語。可謂株守講章，然猶勝於杜撰一流矣。有「石氏藴玉」、「翰林修撰」諸印。

元周權撰。

蒲室集十五卷 舊抄本。曹溶藏。有「檇李曹氏藏書」印。

元釋大訢撰。

梅花字字香前集一卷，後集一卷 鈔本。又琳琅秘室活字印本。

元郭豫亨撰。

勤齋集八卷 閣本依鈔。

元蕭𣈶撰。

道園學古録五十卷 元至正元年刊本，精雅可尚。有「季振宜」、「滄葦」、「御史之章」等印。又乾隆丙申刊本。

元虞集撰。

文安集十四卷 抄本，十卷。又粤雅堂刊《揭文安文粹》二卷。

元揭傒斯撰。

所安遺集一卷 據成化丁未刊本過鈔。

元陳泰撰。

至正集二十三卷 鈔本。闕。

元許有壬撰。

禮部集二十卷，附録一卷 依宋鈔本，足。

元吴師道撰。

雁門集十四卷，附録一卷，别録一卷 嘉慶十二年其裔孫龍光註刊本。

元薩都刺撰。

俟菴集三十卷 舊鈔本。題「番陽李仲公集三十卷」。

元李存撰。

滋溪文稿三十卷 抄本。

元蘇天爵撰。

近光集三卷，扈從詩一卷 舊抄本。題「周翰林近光集」，比時本多《補編》二卷。

元周伯琦撰。

栲栳山人集三卷 嘉慶辛未刊本。又抄本一部，多遺落，不如刻本之善。

元岑安卿撰。

友石山人遺稿一卷 抄本。翰曾爲潮州路總管，集中潮州事實頗多。元亡，浮海之閩，居永福山。明太祖下詔徵之，遂引決。今《潮州府志》缺載，可謂憾事。他日修志當采之，以表忠義。

元王翰撰。

玉笥集十卷 粤雅堂刊本。

元張憲撰。

丁鶴年集一卷 琳琅秘室活字本，四卷。

元丁鶴年撰。

龜巢集十册 舊抄本，三十四卷，比刻本足。

元謝應芳撰。

山窗餘稿一卷 閣本依鈔。

元甘復撰。

九靈山房集三十卷，補編二卷 刊本。

元戴良撰。

玉山璞稿一卷 舊鈔本，一册。又汲古閣刊《玉山草堂集》二卷，《補遺》一卷。

元顧瑛撰。

益齋先生亂稿十卷 抄本。世鮮傳者，可寶也。

元高麗李齊賢仲愚撰。至正二十七年卒，葬牛峰縣。

來鶴亭詩八卷，補遺一卷 舊抄本。吕誠《樂志園詩集》八卷、《補遺》一卷，未知即此《來鶴亭》本否。

元吕誠撰。

榮祭酒遺文一卷 別下齋刊本。

元榮肇撰。

可閒老人集二卷 題「張光弼詩集」。光弼，昱字也。有「毛子晉」、「吴翌鳳」諸印。此即金侃據抄之本，可寶。

元張昱撰。

南海百詠一卷 刊本。

元方信孺孚若撰。

丹崖集八卷，附録一卷 依洪武八年刊本過抄。

元唐肅撰。

右别集類。金至元。

集部六

別集類五 明洪武至崇禎

宋景濂未刻集二卷 刊本。段玉裁手校。

明宋濂撰。

誠意伯文集二十卷 嘉靖間刊本，缺後七卷。

明劉基撰。

陶學士集二十卷 明刊本。

明陶安撰。

危太僕雲林集詩一卷，文一卷 舊抄本。有「金星軺藏書」印。

明危素撰。

槎翁詩文集十八卷 明刊本，足。汪士鐘藏。

明劉崧撰。

西齋淨土詩三卷 咸豐三年刊本。

明初四明釋梵琦撰。

花谿集三卷 舊鈔本。有「璜川吴氏收藏」印。

明初吴興沈夢麟撰。

侯助教詩文集七卷

明侯□□撰。永樂九年楊覯《序》。

鄭君舉詩集一卷 舊抄本。有「秦恩復」、「石研齋」諸印。

明鄭□□撰(四)。

白雲稿五卷 舊抄本。校勘甚精。

明朱右撰。

滄螺集六卷 汲古閣刊本，甚雅。

明孫作撰。

劉彦昺集九卷 舊抄本。猶誤題「元人」。有「吴翌鳳收藏」諸印。

明劉炳撰。

蚓竅集十卷 舊抄本。有「楝亭曹氏」、「長白敷槎氏藏書」諸印。

明管時敏撰。

樗菴類稿二卷 閣本依鈔。

明鄭潛撰。

梁園寓稿九卷 閣本依鈔。

明王翰撰。

東里全集九十七卷，别集四卷 刊本。《東里文集》二十五卷。

明楊士奇撰。

曹月川集一卷 鳴野山房抄本。

明曹端撰。

穀庵集選十卷，附録二卷，又附東齋稿略一卷 嘉靖時刊本。閔年登藏。

明姚綬撰。英宗時人。《東齋稿》，綬孫惟芹撰。

重編瓊臺會稿二十四卷 康熙戊子刊本，《丘文莊公集》十卷。

明丘濬撰。

懷麓堂集一百卷 坊本。又《擬古樂府》二卷，陳建注。康熙五十七年刊本。

明李東陽撰。

震澤集三十六卷 明董其昌刊本題「王文恪集」，附王禹聲《鵑音》一卷。刊刻精善。

明王鏊撰。

方簡肅文集十卷 明刊本。

明方良永撰。

懷星堂集三十卷 明刊本題「祝氏集略」，可。

明祝允明撰。

王文成全書三十八卷 坊本。又《居夷集》三卷，惠棟藏。有「紅豆山房所收善本」印。又《陽明集要》三編，分《理學集》四卷、《經濟集》七卷、《文章集》四卷，附《年譜》一卷，明刊本。

明王守仁撰。

顧文康公文草十卷，詩草六卷，續稿五卷，三集五卷，疏草二卷 明刊本。

明顧鼎臣撰。《存目》有鼎臣《未齋集》二十二卷，而不及此。

羅川翦雪詩一卷 刊本。

明弘治庚戌陝真寧學官强晟詠雪中故事。

周恭肅集十六卷 明嘉靖刊本。

明周用撰。入《存目》。

莊渠遺書十二卷 刊本，十六卷。

明魏校撰。

太白山人漫稿八卷 刊本。

明孫一元撰。

峰溪集五卷，外集一卷，附録一卷 鈔本。

明孫璽撰。入《存目》。

桂洲集十八卷，附録一卷　刊本。

明夏言撰。入《存目》。

張文忠文稿六卷，奏疏八卷，詩稿五卷　萬曆乙卯刊本。

明張孚敬撰。入《存目》題「《文集》十九卷」。

雅宜山人集十卷　嘉靖丙申刊本。

明王寵撰。入《存目》。

袁禮部詩二卷　嘉靖刊本。有「曹溶」、「潔躬」諸印。

明袁袞撰。

考功集十卷 明刊本，可。

明薛蕙撰。

甫田别集四卷 抄本。

明文徵明撰。

遵巖集二十五卷 刊本。

明王慎中撰。

松溪集十卷 隆慶元年刊本。

明程文德撰。入《存目》。

董中峰文集十卷 刊本。

明董玘撰。唐順之選。

荆川集十二卷 刊本。

明唐順之撰。

祐山文集十卷 刊本。

明馮汝弼撰。入《存目》。

趙文肅公集選四卷 刊本。

明趙貞吉撰。

楊忠愍集三卷，附録一卷 坊本。又一部。

明楊繼盛撰。

弇州山人續稿二百七卷 刊本。

明王世貞撰。

馮北海集四十六卷 明刊本。

明馮琦撰。

去僞齋文集十卷 《吕子遺書》刊本。

明吕坤撰。入《存目》。

金粟齋文集十一卷 萬曆丙辰刊本。

明金瑶撰。入《存目》。

來禽館集二十九卷 萬曆戊午刊本。

明邢侗撰。入《存目》。

震川文集三十卷，别集十卷 刊本，缺後八卷。

明歸有光撰。

歸季思陶菴遺稿二卷，續稿二卷，札記二卷，拾遺一卷 舊抄本。

明歸子慕撰。詩學陶，得其淡永；文亦具有家法。子慕，有光子也。

天全堂集四卷 乾隆間刊本。

明安希範撰。

突星閣詩鈔五卷 刊本。

明王戩孟穀撰。

蠛蠓集五卷 刊本。

明盧柟撰。

左忠毅公集五卷，附録一卷 湘鄉左氏刊本。

明左光斗撰。

趙忠毅公集二十四卷 崇禎戊寅刊本。

明趙南星撰。

願學集八卷 明刊本，善。

明鄒元標撰。

劉蕺山集二十四卷 刊本。

明劉宗周撰。

秋園雜佩一卷 粤雅堂刊本，十九集。

明陳貞慧撰。

考槃集六卷 刊本。

明趙宧光之妻陸卿子詩也。

絡緯吟十二卷 萬曆癸丑刊本。

明東海徐媛小淑氏撰。吴范允臨長倩之室也。

循滄集二卷 刊本。

明姚希孟撰。文震孟《序》。

節必居稿一册 抄本。

明長洲劉曙公旦撰。

劉文烈公集一册 舊鈔本。

明劉理順撰。

黄九烟遺集四卷 抄本。

明黄周星撰。此集有道光末左仁刊本，此其底稿也。

孫文正公續集二卷 刊本。

明孫承宗撰。

大愚老人集二卷，附小遊仙詩一卷 鈔本。

明江陰黄毓祺介子撰。

七録齋文集六卷，詩集三卷 刊本。

明張溥撰。

穀園集三卷 念昔居抄本。

明末虞山楊彝子常撰。非明初餘姚楊彝也。

沈君庸集二卷 舊抄本。

明吴江沈自徵撰。

與古人書二卷 舊抄本。

明張自烈撰。設爲書，與古人議論。

浪齋新舊詩一卷 刊本。

明徐波撰。

忠肅集三卷 刊本，題「盧忠烈集」。

明盧象昇撰。

倪鴻寶應集十七卷 明刊本，古雅。

明倪元璐撰。

葛瞿菴遺集四卷 刊本。

明葛麟撰。字蒼公，死事。

賜誠堂文集十六卷 刊本。

明管紹寧撰。

樓山堂集二十七卷 粤雅堂刊本。

明吴應箕撰。

吴節愍遺集二卷 道光癸巳刊本。

明吴易星撰。

張别山遺稿一卷 道光癸卯刊本。

明張同敞遺詩。

陳忠裕公全集三十卷 王昶校刊本。

明陳子龍撰。

申忠愍詩集六卷 閣本依鈔。

明申佳胤撰。

嶠雅一册 明鄺湛若手稿。後有全祖望《跋》。

明鄺露撰。

右別集類。明洪武至崇禎。

集部七

别集類六

御製詩文十全集五十四卷

乾隆五十九年大功十次告成，彭元瑞等編輯十次中御製詩文，以聚珍板印行。

梅村集二十卷 刊本，太倉顧湄、許旭原編。又黎城靳榮藩輯注，刊本。

國朝吴偉業撰。

亭林文集六卷，詩集五卷 《亭林十書》刊本。

國朝顧炎武撰。

薑齋文詩各集合三十三卷 湘鄉刊《船山遺書》本。

國朝王夫之撰。

南雷文定前集十一卷，後集四卷，三集三卷，詩歷四卷 粵雅堂刊本。

國朝黄宗羲撰。入《存目》。

學餘堂文集二十八卷，詩集五十卷，外集二卷 刊本。附《蠖齋詩話》二卷、《矩齋雜記》五卷、《年譜》一卷，又附其子《隨村遺詩》六卷。

國朝施閏章撰。

林蕙堂文集十二卷 刊本。

國朝吴綺撰。

精華録十卷《精華録箋註》十二卷、《補注》一卷、《年譜》一卷，乾隆初金榮刊本。

國朝王士禛撰。題曰「曹禾、盛符升同編」，實士禛所自定也。

鈍翁前後類稿一百十八卷，附其父膺寸碧堂稿二卷 刊本。

國朝汪琬撰。入《存目》。

曝書亭集八十卷，附録一卷 刊本。附其子昆田《笛漁小稿》十卷。

國朝朱彝尊撰。

于清端政書八卷 刊本。又一部。

國朝于成龍撰。

西河文集一百七十九卷《西河合集》刊本。

國朝毛奇齡撰。

陳檢討四六二十卷刊本。又一部。

國朝陳維崧撰。

榕村集四十卷刊本。又附《别集》五卷。

國朝李光地撰。

三魚堂文集十二卷，外集六卷，附録二卷舊抄本。又刊本。

國朝陸隴其撰。

敬業堂集五十卷 刊本，《詩集》四十八卷、《續集》六卷。

國朝查慎行撰。

鹿洲初集二十卷 刊本。

國朝藍鼎元撰。

樊榭山房集十卷，續集十卷 刊本。又《漱六編》刊其《游仙詩》三卷。

國朝厲鶚撰。

果堂集十二卷 刊本。

國朝沈彤撰。

右別集類。

附録

宫詞紀事二卷 刊本。

題「東吴鶴樵錢位坤撰」。上卷《北都》五十首，下卷《南都》五十首，《序》署乙酉嘉平，則順治二年也。

霜猨集一卷 琳琅秘室活字印本。

題「海虞周同谷翰西氏鶴臞著」。紀魏忠賢用事至明亡事。凡七絶若干首。

一老菴遺稿四卷 陳鱣抄本。又康熙間刊本。

國朝徐柯貫時撰。明諸生。其《詩序》有「世廟庚辰迄今一百六十餘年」語。

聰山集八卷 康熙癸卯刊本。

國朝申涵光撰。入《存目》。

鈍吟文稿一卷，遊仙詩一卷

國朝馮班撰。其《定遠集》入《存目》，十一卷。此其零卷也。

秋笳集八卷 粵雅堂刊本。

國朝吳兆騫撰。入《存目》。

使粵集一卷，附贈言一卷 康熙二十年刊本。

國朝喬萊撰。

澄江集七卷，北墅緒言五卷 刊本。

國朝陸次雲撰。入《存目》。

飲水詩集二卷，詞集二卷 粤雅堂刊本。

國朝納喇性德撰。《存目》載通志堂集中之四卷。

西堂雜俎二十四卷，西堂剩稿二卷，秋夢録一卷，西堂各集詩二十一卷，百末詞六卷，附詞餘六種 刊本。

國朝尤侗撰。附湯傳楹卿謀《湘中草》六卷。

徐都講詩一卷 附《西河合集》刊。

國朝徐昭華撰。入《存目》。

正誼堂文集十二卷 刊本。

國朝張伯行撰。入《存目》。

出塞詩一卷，塞上集唐六歌一卷 鈔本。

國朝徐蘭撰，萬斯同序。

藥圃詩五卷 康熙戊辰刊本。

國朝興化李柟撰。

杕左堂詩集六卷，詞四卷，續集三卷 乾隆元年刊本。

國朝孫致彌撰。入《存目》。

問山堂詩集十卷，文集八卷，紫雲詞一卷 刊本。

國朝丁煒撰。入《存目》。

甌香館集十二卷 别下齋刊本。

國朝惲格壽平撰。

居易堂集二十卷 刊本。

國朝徐枋撰。

在陸草堂集六卷 刊本。

國朝儲欣撰。

百一詩一卷 刊本。

國朝汪琦撰。

山聞詩一卷

國朝汪楫撰。

朱文端公文集四卷 刊本。

國朝朱軾撰。

南莊類稿八卷 刊本。

國朝黃永年撰。《存目》題「黃静山集」。

西澗草堂集四卷 刊本。

國朝閻循觀撰。入《存目》。

橘巢小稿四卷 乾隆戊寅刊本。

國朝王世琛撰。

小蓬萊閣賸稿二卷 《漱六編》刊本。

國朝黄易撰。

裘文達公文集六卷，奏議一卷，詩集十二卷 刊本。

國朝裘曰修撰。

蓮塘詩鈔四卷 刊本。

國朝山陰陳世熙賡颺撰。

袁文箋正十六卷 刊本。

國朝袁枚撰。駢體文，石韞玉爲之箋。

潛研堂文集五十卷，詩集十卷，續詩十卷 刊本。

國朝錢大昕撰。

戴東原集十二卷，附年譜一卷 經韻樓刊本。又微波榭刊本。附《原善》三卷、《水地記》一卷。

國朝戴震撰。

儀鄭堂文集二卷 琅嬛仙館刊本。

國朝孔廣森撰。

述學二卷 琅嬛仙館刊本。

國朝汪中撰。

淵雅堂詩集二十卷，惕甫文未定稿二十六卷，詩文續集二卷，詩文外集六卷 刊本。附其繼室曹貞秀《寫韻軒小稿》二卷。

國朝王芑孫撰。

卷施閣文甲集十卷，乙集八卷，卷施閣詩二十卷，更生齋文甲集四卷，乙集四卷，更生齋詩八卷，附鮚軒詩八卷，更生齋詩餘二卷，附年譜一卷 刊本。

國朝洪亮吉撰。

芳茂山人詩録八卷 平津館刊本。附其室王《長離閣集》一卷。

國朝孫星衍撰。

鶴半巢詩存十卷 嘉慶三年刊本。

國朝馮培撰。

揖山樓詩集十二卷 嘉慶丙子刊本。

國朝畢憲曾撰。

冬花盦燼餘稿三卷 刊本。

國朝奚岡鐵生撰。

汪子文録十卷，遺書一卷 嘉慶間刊本。

國朝汪縉撰。

甓舟園初稿一卷，次稿一卷 道光甲午刊本。

國朝王鎏撰。

椶亭文鈔十八卷，詞鈔七卷 道光丙申刊本。

國朝全椒金兆燕撰。

玉鎮山房近體剩稿□卷 道光戊子刊本。

國朝吴一嵩撰。

經韻樓集十二卷 刊本。

國朝段玉裁撰。

角山樓詩鈔十五卷 道光中刊本。

國朝趙克宜撰。

餘波遺稿一卷，首簡一卷，附録二卷刊本。

國朝吕堰驛巡檢王翼孫撰。罵賊被害。

沙河逸老小稿六卷，嶰谷詞一卷粤雅堂刊本。

國朝馬曰琯撰。

南齋集六卷，詞二卷粤雅堂刊本。

國朝馬曰璐撰。

隸經文四卷粤雅堂刊本。

國朝江藩撰。

求是堂文集九卷，詩集二十二卷，詩餘一卷 刊本。

國朝胡承珙撰。

童山詩集二十卷，文集二十卷，蠢翁詞二卷 《函海》刊本。

國朝李調元撰。

燕石吟三十五卷 抄本。

國朝聞人煜炳南撰。始乾隆，至道光辛巳止。蓋其手寫定本也。

揅經室一集十四卷，二集八卷，三集五卷，四集十一卷，續集十一卷，外集五卷 粵雅堂刊本。

國朝阮元撰。又《揅經室詩録》五卷。

吴吟小草三十卷 抄本。

國朝長洲顧志沖撰。詠吴中古蹟、土風、物産，類編之中有删改，蓋其稿本。

程侍郎遺集十卷 粤雅堂刊本。

國朝程恩澤撰。

潄芳閣集十卷 咸豐二年刊本。

國朝平湖徐士芬惺菴撰。

古微堂外集一卷 刊本。

國朝魏源撰。

子良詩録二卷 同治二年刊本。

國朝馮詢撰。

理瀹駢文一厚册 刊本。

國朝吴師機撰。

通隱堂詩存四卷 咸豐八年刊本。

國朝張京度撰。

存吾春齋詩鈔十卷 刊本。

國朝劉繹撰。

邵蕙西遺文一卷 同治四年刊本。

國朝邵懿辰撰。

胡文忠遺集十卷 刊本。

國朝胡林翼撰。并巡撫湖北以後《奏牘》、《書札》、《條教》，言吏兵事者。

馬徵君遺集六卷 刊本。

國朝桐城馬三俊撰。

集部八

總集類

文選註六十卷 汲古閣刊本。紅筆録何焯評點。

梁昭明太子蕭統編，唐李善註。

六臣註文選六十卷 宋茶陵本。

不知編輯者名氏。

文選旁證四十六卷 道光甲午刊本。

國朝梁章鉅撰。

選學膠言一卷，補遺一卷 道光辛卯刊本。

國朝錢塘張雲璈仲雅撰。

玉臺新詠十卷 宋刊本。半頁十五行，行三十字，古雅可寶。

陳徐陵編。

文館詞林殘本四卷 日本《佚存叢書》刊本。又粵雅堂刊本。

唐許敬宗等奉敕編。原一千卷，今唯日本存此殘帙。其載唐以前文即多爲類書、總集所未録。

高氏三宴詩集三卷，附香山九老詩一卷 舊鈔本。

唐高正臣編。

篋中集一卷　汲古閣刊《唐人選唐詩》本。

唐元結編。

河岳英靈集三卷　汲古閣刊本。

唐殷璠編。

國秀集三卷　汲古閣刊本。

唐芮挺章編。

御覽詩一卷　汲古閣刊本。

唐令狐楚撰。

中興間氣集二卷 汲古閣刊本。

唐高仲武編。

極元集二卷 汲古閣刊本。

唐姚合編。

才調集十卷 汲古閣刊本。

蜀韋縠編。

搜玉小集一卷 汲古閣刊本。

不著編輯者名氏。

古文苑注二十一卷 元明間刊本。又孫星衍重刊宋淳熙本，九卷，無注。

不著編輯者名氏。

文苑英華一千卷 明刊本。

宋太平興國七年李昉等奉敕編。

文苑英華辨證十卷 聚珍板本。

宋彭叔夏撰。

西崑酬唱集二卷 粤雅堂刊本。

宋楊億編。

唐百家詩選二十卷 刊本,初印,精善。

宋王安石編。

二程文集十三卷,附録二卷 寶詒堂刊《二程全書》本。

宋胡安國編。

三蘇文粹 宋刊本。刻畫分明,紙墨俱古,洵可寶也。有「白門居士」印。

宋人編。此書七十卷,未詳編者名氏。是本僅存後半,自三十四卷至七十,闕前三十三卷。

五百家播芳大全文粹一百十卷 閣本依鈔。

宋魏齊賢、葉芬同編。

崇古文訣三十五卷 舊刊本。王世貞經藏。

宋樓昉編。

妙絶古今四卷 宋刊本。周春舊藏。有「松靄」、「周春」諸印。

宋湯漢編。

唐僧弘秀集十卷 舊鈔本。有「聽雨樓查氏」印。

宋李龏編。

江湖小集九十五卷 刊本。即宋《九僧詩》。

舊本題「宋陳起編」。按：陳起《江湖小集》内，有《高僧前》、《後》、《續》四卷，其《前集》即《九僧詩》，詩數、行款悉同。

吴都文粹十卷　舊鈔本，十卷。有雍正三年王聞遠手跋，極言「此書難得善本，此爲故友馬君寒中舊物，手自校削，譌謬已去十之七八」等語。後有「孝慈堂」、「王蓮涇」、「聞遠」、「貝墉」、「趙光照」諸印。

宋鄭虎臣編。

文章軌範七卷　康熙戊戌刊本。

宋謝枋得編。

月泉吟社詩一卷　粤雅堂刊本。

宋吴渭編。

中州集十卷，附中州樂府一卷 刊本，初印。又一部，亦初印。

金元好問編。

谷音二卷 粵雅堂刊本。

元杜本編。

河汾諸老詩集八卷 粵雅堂刊本。

元房祺編。

瀛奎律髓四十九卷 刊本。

元方回編。

古賦辨體八卷，外集二卷　明成化丙戌刊本，甚舊。

元祝堯編。

忠義集七卷　汲古閣刊本。

元趙景良編。

元文類七十卷，目録三卷　明萬曆中刊本，初印精善。

元蘇天爵編。

金蘭集三卷，附録一卷　萬斯同手鈔本。

明徐達左良輔編。有至正二十二年楊基《序》，二十五年道衍《序》，則編于元時也。入《存目》。

唐詩品彙九十卷，拾遺十卷 刊本。

明高棅撰。

滄海遺珠集八卷 舊鈔本。田氏古歡堂舊藏。

未詳編輯人。按：此書題與《四庫》著録者同，而卷增其半。庫本録謫戍雲南人詩，亦始郟經、方行二人，而無沈周下三人。

春秋詞命三卷 正德丙子刊本。

明王鏊撰。入《存目》。

文翰類選大成一百六十三卷 明成化壬辰刊本。

明李伯璵、馮原同編。入《存目》。

新安文獻志一百卷 明刊本。

明程敏政編。

半山集一卷 明弘治元年刊本。

明盧江丁繼仁編。于所居銅山結亭曰「半山」，集名人賦詠而編之。

金石古文十四卷，古雋八卷，風雅逸篇十卷《函海》刊本。

明楊慎撰。入《存目》。

古今韻語一卷，古今風謠一卷，古今諺一卷，附俗言一卷，麗情集一卷，附戚集一卷《函海》刊本。

明楊慎撰。

三蘇文範十八卷 刊本。

題「楊慎編」。入《存目》。

文編六十四卷 明天啓中刊本。

明唐順之編。

名世文宗十六卷

明王世貞編，陳繼儒註。

古今詩删三十四卷 明刊本。

明李攀龍編。

中原文獻集二十四卷 刊本。

明焦竑編。入《存目》。

師子林紀勝二卷，附拙政園題詠一卷，七姬冢誌詠一卷 舊鈔本，共爲一册。有嘉慶甲戌黄丕烈手跋。

《紀勝》，明釋道恂撰。入《存目》。《拙政園題詠》，文徵明撰。

吴都文粹續集五十六卷，補遺上下二卷 舊鈔本。黄丕烈手校。

明錢穀編。

古樂苑五十二卷 明刊本。

明梅鼎祚編。

漢魏六朝一百三家集一百十八卷 明刊本。

明張溥編。

瓊花集五卷 別下齋刊本。

明曹璿撰。

兩漢書疏十三卷 刊本。

明豐城李瑄輯。

古文品外集録二十四卷 刊本。

明陳繼儒撰。入《存目》。

東漢文二十卷 刊本。

明張采受先輯。

刪定唐詩解二十四卷 康熙乙巳刊本。

明唐汝恂撰。入《存目》。

御選古文淵鑑六十四卷 内府刊本。又一部。

康熙二十四年聖祖仁皇帝御選，内閣學士徐乾學等奉敕編註。

御定全金詩七十四卷 内府刊本。

康熙五十年奉敕編。

御選唐宋詩醇四十七卷 刊本。

乾隆十五年御定。

欽定全唐文一千卷，目録三卷，檢人目一卷 揚州刊本。

嘉慶十九年董誥等奉敕編。

榕村講授三卷，古文精藻二卷 《安溪全書》刊本。

國朝李光地編。

明文拾遺一册 鈔本。

雜録葉伯巨、劉球至曹學佺、堵胤錫之文。 蓋隨手鈔存，未編成之本。

遜國忠記一册 鈔本。

載明殉國姜曰廣等十餘人之文。非遜國人也，且失其記。

辟疆園宋文選三十卷 刊本。又一部。

國朝順治辛丑粱谿顧震修遠選。

唐詩英華二十四卷 刊本。

國朝吴江顧有孝編。

宋四名家詩二十七卷 刊本。

國朝周之麟、柴升同編。入《存目》。

姑蘇楊柳枝詞一卷 刊本。

國朝汪琬編。入《存目》。

卧遊詩選三十厚册 舊抄本。有「華素安齋菊吟氏記」、「卧雲外史」諸印。

未詳編人。録前人詠山川、古蹟之詩，分省編之，至明末而止，則國初人也。始北直河間府，終雲南銅仁府。大約前輩輯而未刻之書。

本事詩十二卷 乾隆丙子重刊本。

國朝徐釚電發選輯。

舊雨集二卷 精抄本。有「霞客」、「長洲嚴氏耀曾」諸印。

國朝周準編。準，雍正間吳人，號欽萊。此卷皆集其親故所作詩，有《自序》。

古詩源十四卷 康熙乙亥初刊本。

國朝沈德潛選編。

南宋雜事詩七卷 刊本。

國朝沈嘉轍、吴焯、陳芝光、符曾、趙昱、厲鶚、趙信同撰。

右總集類。

附録

林屋唱酬録一卷，焦山紀遊集一卷 粵雅堂刊本。

并馬曰琯等紀遊之詩。

宋金元詩删三卷 吴翌鳳枚庵手稿，塗抹添註甚多，亦足見前輩著書之不敢掉以輕心也。有「枚庵」、「漫士」印。

國朝吴翌鳳撰。《自序》題「乾隆四十四年」。

樂游聯唱集二卷 經訓堂刊本。

國朝畢沅編。撫陜時，與幕下士聯句詠古之篇。

全唐詩逸三卷 鈔本。有「老屋三間，賜書萬卷」、「鮑氏知不足齋藏書」諸印。

題「日本上毛河世寧編輯《欽定全唐詩》遺收之篇」。

皇朝經世文編一百二十卷，總目二卷 刊本。又一部。

國朝賀長齡輯，魏源編。

日下題襟集六卷 鈔本。

國朝嚴可鈞等與朝鮮使臣李烜等贈答之詩〔五〕。乾隆辛亥十二月朱文藻序。

卜硯集二卷 刊本。

國朝查禮撰。獲宋謝文節公橋亭卜卦硯，因集題詠編之。

百研銘一卷 刊本。失首頁。

未知撰編何人。

寶印集六卷 刊本。

國朝王之佐編。乾隆時，湖湘漁人得宋岳忠武名印，流轉至江左，歸震澤王之佐，因集同人題詠編之。

泛槎圖題詠一卷 刊本。

國朝張寶編。嘉慶間白下張寶仙槎自爲圖，徵名人題詠。

唐宋四家詩鈔十七卷 刊本。

國朝張懷溥選鈔。

玉山草堂續集六卷 粵雅堂刊本。

國朝錢林撰。

金文雅十六卷 道光辛丑活字印本。

國朝秀水莊仲芳編。

全五代詩四函《函海》刊本。

國朝李調元編。

粤風四卷，蜀雅二十卷《函海》刊本。

國朝李調元編。

卜石帆亭五言詩續鈔八卷粤雅堂刊本。

國朝翁方綱撰。

吴下尋山記一卷顧沅、黄安濤稿本。有「霽青」、「湘舟」諸印。以霽青曾守吾潮，故存之。

國朝黄安濤顧沅編。

右總集類。

集部九

詩文評類

文心雕龍十卷《漢魏叢書》刊本。

梁劉勰撰。

詩品三卷《漢魏叢書》刊本。又《文房小説》刊本。又《津逮秘書》刊本。

梁鍾嶸撰。

本事詩一卷《文房小説》刊本。又《古今逸史》刊本。又《津逮秘書》刊本。

唐孟棨撰。

詩品一卷《津逮秘書》刊本。

唐司空圖撰。

樂府古題要解二卷《津逮秘書》刊本。

唐吴兢撰〔六〕。入《存目》。

風騷旨格一卷《津逮秘書》刊本。

唐釋齊己撰。

六一詩話一卷《津逮秘書》刊本。

宋歐陽修撰。

續詩話一卷《津逮秘書》刊本。

宋司馬光撰。

中山詩話一卷《津逮秘書》刊本。

宋劉攽撰。

後山詩話一卷《稗海》刊本。又《津逮秘書》刊本。

舊本題「宋陳師道撰」。

彥周詩話一卷《稗海》刊本。又《津逮秘書》刊本。

宋許顗撰。

紫微詩話一卷《津逮秘書》刊本。

宋吕本中撰。

四六餘話一卷傳望樓刊本。

宋楊囦道撰。

珊瑚鉤詩話三卷舊鈔本。有「曝書亭藏書」印。

宋張表臣撰。

全唐詩話六卷《津逮秘書》刊本。

宋尤袤撰。入《存目》。

石林詩話一卷 舊鈔本。有「莒上丁世楠珍藏」印。又《津逮秘書》刊本。

宋葉夢得撰。

藏海詩話一卷 《函海》刊本。

宋吴可撰。

歲寒堂詩話二卷 聚珍板本。

宋張戒撰。

碧溪詩話十卷 聚珍板本。

宋黄徹撰。

竹坡詩話一卷《津逮秘書》刊本。

宋周紫芝撰。

苕溪漁隱叢話前集六十卷，後集四十卷 耘經樓重刊宋本。又一部。

宋胡仔撰。

詩家鼎臠二卷 舊鈔本。

宋戴復古撰。

二老堂詩話一卷《津逮秘書》刊本。

宋周必大撰。

滄浪詩話一卷《津逮秘書》刊本。

宋嚴羽撰。

荆溪林下偶談四卷閣本依鈔。

宋吴子良撰。

草堂詩話二卷閣本依鈔。

宋蔡夢弼撰。

浩然齋雅談三卷聚珍板本。又一部。

宋周密撰。

文説一卷 鈔本。

元陳繹曾撰。

修詞鑑衡二卷 閣本依鈔。

元王構編。

金石例十卷 舊鈔，巾箱本，甚精。又雅雨堂鈔本。

元潘昂霄撰。

作義要訣一卷 閣本依鈔。

元倪士毅撰。

墓銘舉例四卷 雅雨堂鈔本，與前《金石例》、《後金石要例》并其付刊底本。

明王行撰。

頤山詩話二卷 閣本依鈔。

明安磐撰。

詩話補遺三卷 淡生堂舊鈔本。有「二樹書畫」印。又《函海》刊《升菴詩話》十二卷、《詩話補遺》二卷。

明楊慎撰。

四溟詩話四卷 刊本。

明謝榛撰。《存目》中有榛《詩家直説》二卷，而無此。

金石要例一卷 雅雨堂鈔本。與前《墓銘舉例》共二册。

國朝黄宗羲撰。

西河詩話八卷 《全集》刊本。

國朝毛奇齡撰。入《存目》。

九誥堂説今詩一卷 刊本。

國朝康熙間徐增撰。

聲調譜一卷 刊本。

國朝趙執信撰。

談龍録一卷 刊本。

國朝趙執信撰。

五代詩話十卷 粤雅堂刊本。

國朝鄭方坤撰。

通韻譜説一卷 刊本。

國朝宋弼蒙泉撰。乾隆丁丑自序。

聲調譜説一卷 刊本。

國朝吴紹澯蘇泉撰。嘉慶二年自序，與《通韻譜》同册。

石洲詩話八卷 粤雅堂刊本。

國朝翁方綱撰。

北江詩話六卷 粤雅堂刊本。

國朝洪亮吉撰。

文史通議八卷，校讎通議四卷 粤雅堂刊本。

國朝章學誠撰〔七〕。

始可與言八卷 抄本。

題「無髮居士」序，未詳其人。引古語、歌謡、樂府、唐詩而論之。

漢魏六朝墓銘纂例四卷 別下齋刊本。

國朝李富孫撰。

古文緒論一卷 別下齋刊本。

國朝吴德旋撰。

右詩文評類。

集部十

詞曲類

山谷詞一卷 舊鈔本。

宋黄庭堅撰。

石林詞一卷 舊鈔本。有「丁世楠珍藏」印。

宋葉夢得撰。

得全居士詞一卷 别下齋刊本。

宋趙鼎撰。

澹菴長短句一卷 别下齋刊本。

宋胡銓撰。

龍川詞一卷，補遺一卷 刊本。

宋陳亮撰。

簫臺公餘詞一卷 傳望樓刊本。

宋姚述堯撰。

日湖漁唱一卷，補遺一卷，續補遺一卷 嘉慶庚午秦恩復刊《詞學叢書》本。又粵雅堂刊本。

宋陳允平撰。

省齋詩餘一卷 毛扆手校舊鈔本。

宋廖行之天民撰。

養拙堂詞一卷 毛扆手校舊鈔本，後有黃丕烈《跋》。

宋管鑑撰。

茗齋詩餘二卷 別下齋刊本。

明彭孫貽撰。

眉匠詞一卷 舊抄本。

國朝朱彝尊手稿。猶未編《江湖載酒集》時之本。

澹齋詞二卷 刊本。

國朝王璐撰。乾隆間人。

右詞曲類詞集之屬。

樂府雅詞三卷，補遺一卷《詞學叢書》刊本。又粵雅堂刊本。

宋曾慥撰。

陽春白雪八卷，外集一卷《詞學叢書》刊本。又粵雅堂刊本。

宋趙聞禮編。

樂府補題一卷《漱六編》刊本。

不著編輯者名氏。

元草堂詩餘三卷《詞學叢書》刊本。又粵雅堂重刊本。

編人未詳。

林下詞選十四卷 康熙辛亥刊本。

國朝周銘撰。入《存目》。

右詞曲類詞選之屬。

詞源二卷 《詞學叢書》刊本。又粵雅堂刊本。

宋張炎撰。

詞林韻釋一卷 秦氏《詞學叢書》刊本。又粵雅堂刊本。

元斐菉軒本。

升菴詞品六卷，拾遺二卷《函海》刊本。

明楊慎撰。

擊筑餘音一卷舊鈔本。

明熊開元詞餘。

七頌堂詞繹一卷別下齋刊本。

國朝劉體仁撰。

金粟詞話一卷別下齋刊本。

國朝彭孫遹撰。

西河詞話二卷《西河合集》刊本。

國朝毛奇齡撰。

右詞曲類詞話、詞譜之屬。

【校勘記】

〔一〕韓昌黎集四十卷：「集」下原衍「註」字。按下注文明説此本無註，《持静齋藏書記要》卷上集部亦著録此書，無「註」字。因據删。

〔二〕崔致遠：原作「雀致遠」，據《新唐書・藝文志》及《宋元舊本書經眼録》卷三改。

〔三〕陳□□：據《東甌詩存》，作者當爲陳則翁，字仁則，號瑞洲，浙江瑞安人。

〔四〕鄭□□：疑此作者爲元人鄭洪。鄭洪字君舉，號素軒。見《夷白齋稿》外集卷下陳基《送鄭君舉游金陵序》。

〔五〕嚴可鈞：誤，應爲「嚴誠」。按，嚴可均（此處誤爲「鈞」）與嚴誠均號「鐵橋」，書商爲謀利，將嚴誠偷换爲名氣較大的嚴可均，丁日昌、莫友芝均失察被騙。

〔六〕吴兢：原作「吴競」，據該書題名改。

〔七〕章學誠：原作「張學誠」，據該書題名改。